ヤマケイ文庫

わが回想の谿々

大イワナの泳ぐ楽園へ

Shiraishi Katsuhiko

白石勝彦

Y. L.

Yamakei Library

まえがき

清冽な流れに浸り、渓流竿を握るとき、僕は不思議なほどの落ち着きを感じる。この落ち着きはいったいどこからくるのだろうか。周囲のざわめきは一瞬のうちに静まりかえり、僕の全神経は目印の一点に集中していく。あたかも僕のすべてが目印のなかに引き込まれるように集中するのである。

すると僕の頭のなかはただ目印の動きだけで、あとはまっ白になってしまう。目印以外はなにも見えない、なにも聞こえない、しかしそれでいてすべてが見えてくる、そしてすべてが聞こえてくるのである。

山の木々は緑を謳歌し、川は歓喜の歌を奏でる。自然はそれを受け入れてくれるよう心を開いた人だけに聞こえる密かな暗号を伝えてくるのだ。都会の雑多なしがらみやストレス、騒音とアトム化の世界はきれいさっぱり消え失せて、清らかな渓流のせせらぎだけが心に映ってくる。胃が痛くなるほどの緊張感からの解放。渓流釣りには、現代人がもつ精神病理学的な問題を解決する心の医者のようなものが潜んでいるのではないだろうか。

渓流釣りをするときに感じるこの不思議な感覚はなんなんだろうか。大げさに言わせてもらえば、竿を持ってポイントに対峙する姿は、昔の侍たちの剣を交える心境に似ているのではないだろうか。目印の動きだけに神経を集中するのは、敵の剣先に集中するのと同じである。じっと竿を構える釣り人の心のなかは、ものすごい精神集中を経てかえって空虚なものになっている。それはあの沢庵《たくあん》和尚が柳生但馬守に語った剣の道の極意「剣を構えるときは無心」に通ずるような気がしてならないのである。

敵の剣を前にしたとき、相手を倒そうと思うな、いや、自分が今剣を持って敵と対峙していることさえ意識するなと説いている。敵を倒そうと思わないでどうして戦いに勝てるのだろうか。だが、勝とうと思う意識をなくすことが逆に戦いを勝利へ導くのである。いっさいの意識を捨て去って己れの心を虚しくすることで、心は一点の曇りもない鏡のようになり、かえって敵の動きのすべてが映しだされるからだ。

僕たち渓流の釣り人も目印に意識を集中しているうちに、知らず知らず己れを虚しくし、周囲をありのままに受け入れているのではないだろうか。だが、もし僕たちの心に邪念のようなものがあれば、自然を映す鏡はたちどころに曇り、それはぼやけた色眼鏡を通した世界しか反映できない。一点の曇りもない無心な心こそ、真実の世界を映してくれるのである。

僕が渓流釣りに激しく傾倒していったのは、むろん魚を釣りたいという世俗的な欲望みたいなものがあったからである。だが、渓流釣りのなかには単に魚を釣り上げるだけではすまない、もっと内面的なすばらしい精神の世界が広がっている。そうした精神的な世界では、通常では感じられない自然の奥深い襞《ひだ》の底まで、心から感じることができるのだ。都会の精神病理学的なストレスから解放された心のやすらぎのようなものを、僕に与えてくれるのである。

そうしたことはひるがえって見れば、自分の精神的な基盤の貧しさゆえだったかもしれない。たんなる遊びにすぎない渓流釣りにそんな求道的な面などないと言う人もいるだろう。だが、僕にとっては渓流釣りは自分の人生の重要な一部であり、自分がこの矛盾に満ちた現代において細々ながら人間らしく生きていくための大きな手段でもあったのである。

僕にとって渓流釣りは生きていくための目標であり、支柱だった。僕から渓流釣りを取り去れば自分の存在価値も失われる、僕はそう思っていたのである。

だからこそ僕は、次々と新しい谿に向かって足を向けたのだった。本書に書いた渓流への旅は、それゆえにまた、僕自身の心の旅、半ば迷走しつつ、半ば瞑想を繰り返していく精神の成長の旅でもあったといっていいだろう。

昭和三十七年、上高地梓川から始まった僕の渓流釣りは、最初の一〇年間に熱く燃えさかる炎のようになって爆発した。このときの経緯は前著『大イワナの滝壺』に書き綴ってあるが、本書はそれに続く昭和五十年初頭から現在に至る、いわば僕自身の第二期の渓流釣りを書いたものである。

滝を越え、ゴルジュを泳いだ先で出会った大イワナの楽園を見たときの息がつまりそうな興奮、あのときの深い感動をいつまでも持続するために、ひたすらに渓流に通いつめた一渓流釣り師の軌跡、それが本書の内容である。

目次

夢想する谿師の前に広がる
大イワナの世界

新潟県黒又川支流・赤柴沢
（昭和四十八年九月）

森のなかに刻まれたごく細い杣道《そまみち》は、僕の前にぼんやりと見えていた。シルバーラインの長いトンネルの切れ目の所で車を降りてから、かれこれ五時間は歩いたろうか。道の上におおいかぶさるように木々が迫っていた。数時間前まで高まっていた熱気は、僕のなかで急速にしぼまっていった。雨水をたっぷり吸い込んだ木々の葉は風に揺れて膨大な量の水滴を滴らせ、それが僕の気持ちを逆撫でし、不安な想念を広げていく。安逸な都会の生活に耽っていた僕は、この暗緑色のなかにどこまでも広がる大自然の包括的な深さ、残酷さに徹底的に打ちのめされていた。僕はこのつらい歩行で自分自身の小ささをいやというほど知らされたのだった。

新潟県黒又川の大支流・赤柴沢へ至る道を歩き始めてしばらくしてから雨が降りだしたのである。最初の二時間は比較的楽な道のりだった。しかし、ハマコ沢を過ぎ、道というよりは踏み跡といったほうが適切な悪路のヤブ漕ぎが始まると状況は一変した。雨にぬれた木の葉から、僕たちの上に容赦のない散水のシャワーが降り注ぎ、重くなった木々は僕たちの行く手を遮った。歩行のピッチは落ち、全身がぬれ鼠になった。合羽は着ていたけれど、水滴の量の多さには無力だった。足下には増水した黒又川の本流が白い泡を見せて流れている。

川の水は漠として、つかみどころのない姿で僕のはるか下の方を流れていた。水面《みなも》は盛り上がり、怒れるごとく白い泡を激しく飛ばしているかと思えば、ある所ではゆったりと、すべてのものを包み込むようにやさしく流れ下っていた。この複雑で一瞬たりとも同一の姿を見せない流れの下に、僕が狙う渓流の王者が潜んでいるのだろうか。

僕はこの日、初めてこのルートを歩いたのだった。これから何年もの間、この道を飽きもせず通い続けることになるとは露ほども知らず、僕はひたすらヤブを漕ぎ、前に進んだのだった。三〇メートルほどの高さで切り立った崖になっている黒又川左岸から見る本流の姿は、僕には未知の大物が潜む谿として映っていた。たっぷりと水を含んだヤブをかき分けていく僕と関口、大橋の三人。疲れて少しでも立ち止まると、先頭を行く関口の背負う赤いカリマーのザックが、すぐに見えなくなってしまう。しかし、僕はそんなものはほとんど見ていない。目の前にあるヤブ、重くなった木の枝をかき分けることだけで手いっぱいで、前をよく見る余裕などとうの昔になくなっていた。すでに持ち得るすべての労力を使いきっていたのだ。

一時間に一度のペースで僕たちは休んだ。煙草をやめて久しい僕は、休憩のたびに旨そうに煙を燻《くゆ》らすふたりの同行者が、うらやましく思えた。手持ちぶさたでなにもすることのない僕は、わずかに現われたヤブの切れ目にできた草地に仰向けになり、大きく深呼吸をして、乱れた息を整えた。

そうして僕たちはじわじわと距離を縮めると、ついに赤柴沢出合に到着した。車を降りてから六時間の長くてきつい行程だった。出合には噂で聞いたとおり、畳六畳分くらいのテントを張るスペースがあった。関口が持ってきたツエルトを手早く張る。あれほどまで僕たちの歩行のじゃまをした雨もいつしか小降りになっていた。沢はいくぶん増水していたが、渡渉できないほどのことはなかった。水は少し濁っていて、いかにも大物が遡上してきているように僕には思えた。そして、状況は最高のように見えた。

＊

赤柴沢は出合のすぐ上で、ちょっとした滝をもった「通らず」になっていた。その下が二メートルくらいの深さの淵で、最初の一尾はそこで釣れた。出だしからいきなりのアタリだが、魚影の濃かった当時の源流の釣りでは、そんなことは当たり前である。僕たちは滑りやすい磨かれた岩をへずって上流へ遡っていった。

すると、すぐさま広い川原が開け、その奥の方にふたつ目の滝が見えた。川原の部分の長さは五〇〇メートルくらいあろうか。その間、ちょっとでも深い場所に餌を入れると必ずアタリがあった。しかし、釣れてくるのは二〇センチくらいのイワナばか

↑入広瀬
252
黒又川
第一ダム
土崩山
足沢山
毛猛沢
前毛猛山
黒又川
第二ダム
太郎助山
桧岳
毛猛山
大倉山
立柄山
高倉山
ハマコ沢
赤柴沢
←小出
黒又川
未丈ケ岳
352
枝折峠
奥只見シルバーライン

りで、僕たちがめざした大イワナと呼べるようなものは一尾として釣れない。

大きな石が転がったその川原を釣っていくが、僕たちのとりあえずの目標は第二滝の滝壺である。三段くらいに分かれた高さ五、六メートルの滝の下には、本流から遡ってきた大物が潜んでいるにちがいないという確信に満ちていたからだ。だが、すべてを放り出してまっ先に滝壺へ馳せ参ずることはできない。下流からこの長い川原の部分を順番に釣っていき、最後のフィナーレとして滝壺を釣るしかない。しかも、その幸運がだれにめぐってくるかはまだわからないのである。

滝下の川原の場所では、結局、大物は現われなかった。僕たちはしだいに上流へとつめていく。川原のどんづまりに見えていた滝の左側は崖になっていて、竿は右（左岸側）からしか出せない。

最初に滝下に着いたのは関口だった。彼は細身な体ながら敏捷な動作で大岩を攀《よ》じ、素早く滝下に到着したのだった。右側のやや開けた小砂利の部分に立つと、滝の落ち口の所へ餌を沈めにかかった。

僕は関口よりそのときまだ三〇メートルほど下流にいた。関口が竿を振るのはむろん見えてはいたが、自分が得た場所もなかなか有望そうで、その攻略に夢中になっていた僕は彼がどのようにしてこの滝壺を攻めたのかは、まだこの時点では知らなかった。後で関口から聞いたところによれば、彼も川原が始まる最初の所、すなわち、その滝が見え始めたときからすでにあの滝壺には大物がいると予感していたという。そして、いざそのポイントを前にしてみて、そこが思ったより深く、流れが急だったため、彼はオモリをそれまで使っていたものよりもっと重いものにつけ替えた。滝の落ち込み下の深みにはいかにも大物が潜んでいそうだったからだ。

しばらくたって、僕は関口の大きな叫び声で顔を上げた。それまで見ていた自分の目印が僕の視野から消えて、代わりに竿を弓のように曲げている関口の姿が見えた。僕と大橋は一瞬にして事態を了解すると、関口のもとに駆け寄った。

彼は顔をまっ赤にして竿を立てていたが、魚はまだ深い底の方で暴れていて、姿を見せていなかった。

「ハリスは何号だ」と大橋が尋ねる。

「〇・六だ。やばいかもしれない」息をきらせながら関口が答えた。

竿の曲がりから判断して、魚は五〇センチ近い大物のようだった。それを〇・六号のハリスで取り込むことができるだろうか。

大橋は関口の右側に立って、ワンタッチのタマアミを構えた。この網は、僕が以前、昆虫採集をしていたころに使っていた捕虫網の枠にヘラブナ用の網をつけたものである。今ではいくつかのメーカーからワンタッチの網として発売されているが、このころは昆虫標本で知られる東京のS社がパテントをもつ関係上、こうしたものがまだ製品としては開発されていなかったのである。

そもそもこのころの渓流の釣りではタマアミを使うということはなかった。というのもヤブ漕ぎなどが普通な当時の渓流釣りではタマアミは遡行のときじゃまであるし、釣り上げた魚は岸にずり上げるか、糸を持って暴れる魚のハリスをはずすというのが一般的であったからだ。今ほど糸の強度もなかった当時は、このせいでせっかく掛けた魚をずいぶん逃がしていたものである。それをなんとか防ぐ手だてはないかと考えた末に僕が思いついたアイデアが、この捕虫網の改造である。これなら遡行の途中でヤブにひっかかるおそれもないし、携帯も便利である。このおかげで僕はかなりの大イワナを安全に取り込むことができるようになったのである。

話が横道にそれたが、関口は竿を立てて大物の引きに耐えている。彼の仕掛けは〇・六号のハリスだが、竿より一メートル以上のバカを出している。彼はこの長仕掛けを使うことで、餌の流れをより自然にすることと、細いハリスの弱点を補っていたのである。だから、竿を立てるといっても糸が長いから、魚はあまり水面近くまで引かれることがなく、比較的ゆったりと水中を泳いでいた。彼は焦ることなく充分に時間をかけ、魚が弱るのを待った。このあたりが経験を積んだ釣り師と駆け出しの釣り師の違いである。

もういいかげんに取り込んだらと思うほど時間をかけてから、関口はランディングの態勢に入った。すでに魚は最初の元気はなく、水面で口を開けて喘いでいた。関口は深みに再び魚が潜り込むことよりも、滝の中段から下の段へ飛躍することだけを注意していればいいのだった。しかし、それももう必要はなく、大橋が差し出したタマアミで簡単にすくうことができたのである。

それは均整のとれた、すばらしくきれいなイワナだった。大橋がメジャーを当てると、四九センチもあった。おそらく黒又ダムから遡上してきたものだろう。ダム湖のような広い場所で育ったイワナに特徴的に現われる、尻尾の先端が成長線のように白くなって見えた。

＊

第二の滝は三段に分かれているとはいえ、この高さを越えてイワナが上流に遡上するのはむずかしそうだった。だが、関口の大物の取り込み騒ぎで滝壺のポイントはもう望みはなくなっている。僕たちは第二の滝を攀じ、その上に登っていった。すると、やや両岸が狭まった先の方に第三の滝が見えた。しかし、その滝は下にあった滝とは違って、五、六メートルの垂直に落ちるもので、たとえ第二の滝をも越える強い跳躍力のあるイワナがいたとしても、第三の滝を越えていくことはできないように思えた。あるいは第二の滝は乗っ越せるかもしれない。しかし、滝の上流に達した大物も次の滝では遡上を阻止されるだろう。そうだとすれば、この第三の滝壺の下にはとてつもない大物が行き場を失って、遊弋《ゆうよく》しているかもしれないのだ。だが、はたしてイワナは第二の滝を越えるほどの跳躍力をもっているのだろうか。

僕の心のときめきはしだいに大きくなっていった。期待はほとんど胸いっぱいになり、いままでの不本意な成績に沈みがちだった僕の気持ちを高ぶらせた。おおっていた黒い不安の雲が、静かな闇のなかにうすぼんやりとした輪郭を残して消えていく。僕は滝の下に立っている。今度は僕が竿を出す番である。

きっと魚たちは下の滝を越えてこの滝壺の中にいるはずだ。僕は自らに強く言い聞かせると、ハリに刺した餌を、波立つ水面にほんのわずかに現われた弱点の部分に向かって放り込んだ。糸についた赤と黄色の目印が音もなく飛んで、その弱点の上に落ちた。餌は確実に下の方へ沈んでいった。波間に漂った目印が弱点の上に止まったのはほんの少しの時間だけだった。やがて流れに乗ってそれは静かに下流に動きだす。大イワナが群れていると思われるこの谷の最高の場所で僕は竿を出し、彼らから送られてくるかすかな暗号のシグナルを聞きもらすまいと、一心になっているのだ。僕は自分の神経を目印に集中させる。すると、ものすごい集中力が僕を恐ろしい緊張の世界へともたらす。あの名状しがたい霊感、そこでは地上の生は死に絶え、時間は消滅し、解き放たれた精神がひとり駆けめぐる。現世は仮の姿、美しき幻影。果てしない憂愁の海に沈んでいくような夢想の世界に僕は突き進むのである。

今、僕は見えない相手に向かって、自分の内面からほとばしる強烈な殺気を放射している。もう餌を見つけたろうか。あるいは、すでに見つけて僕の知らないうちにこっそりと餌を盗み取っているかもしれない。

だが、僕を包む精神の急激な高まりは、そうした物事《ものごと》のいっさいを超越させてくれる。

流れにすべてをまかせ、その一瞬一瞬のすべてを完全に読み取る。渓流のミャク釣りの極致のなかで、僕はすべてのものとの一体感に浸りきる。夢想が現実と混交するこの大いなる至福の境地に僕は分け入っているのだった。

*

ゆっくり流れていた目印が突然止まった。閃光がひらめき、電撃を受けたような痛みが僕の体のなかを走った。竿が鋭くしなり、続いて短く、かつ力強い弧を描いて停止した。瞬間的に何物かが、跳ね上がっていく竿の動きを阻止したのだ。暗く、波打つうたかたの下の方で、なにかが激しい重量感のある衝撃を伝えている。それは生きものだけが表わすことができる強い生命の律動感のようでもあった。

僕の頭のなかは一瞬まっ白になり、なにがなんだかわからなくなってしまった。実体のない夢想のできごととしてすぐさまそれは終わってしまうかもしれない。白日の光の下に出て、真実の姿を見せないかぎり、だれもが信用しないあの偽りの「アタリ」かもしれないのだ。かつて僕はそうした「幻のアタリ」に何度出合い、何度臍《ほぞ》をかんだことだろうか。極度の緊張に耐えられず虚しく切れてしまった糸を呆然と見つめながら、幽邃《ゆうすい》の底へ消えた幻影に思いを馳せたことが何度あったろうか。そして、その後やってきた仲間に事の顚末を語る自分の惨めさを何度経験したことだろうか。

しかし、新調した渓流竿は、幻の相手の疾走をうまく食い止めてくれた。胴のしなやかな調子が、幸いなことに魚の反撃を適当にかわして、うまく力を吸収してくれたのだ。「アタリ」は幻に終わることはなかった。近くにいた大橋と関口が飛んできて、僕の際に立った。なにか得体の知れないものが、僕の仕掛けの先端についていて、必死に口にかかったハリをはずそうとするさまが、手に取るように伝わってきた。

「気をつけろ。下流に走るぞ」関口がそう叫んだ。魚はまだ水面に姿を現わしてはいない。

が、糸が下流方向へ急に向かい始める。糸が水面を切る音が「ビュッ、ビュッ」と聞こえた。糸鳴りしているのだ。

素早い動きで僕は魚より先に下流に走って、その動きを封じた。かつて、日高の静内川で巨大なイワナを掛けたとき、流れに乗って下流に走り、糸を切られた苦い経験を思い出しながら、僕は夢中で下流に走ったのだった。そうした努力のかいあってか、魚は止まり、やがて水面にその姿を現わした。

さきほど、関口が釣り上げたものとほとんど同寸の大きなイワナが、しだいに弱まる力をなお振り絞るようにして暴れていた。眩しいばかりの銀色に輝くボディが水面をのた打ちまわり、白く縁取られた長い鰭が無数にこぼれる小さな水滴の真珠をまき散らしていた。彼はなお最後の闘いを継続しようとしていたが、すでにその力は限界に達していた。最初の激しい闘いに力尽きた渓流の英雄は、深淵の底から上がってきて、僕の前に静かに横たわり始めたのだった。

大きく息を切らせながら喘いでいる大イワナを僕は素早く網ですくい取った。勝負は短いけれど、熾烈な闘いを経てようやく終結したのだった。

＊

結局、その滝壺から三人で四尾の大きなイワナを釣ることができた。僕が釣った後で、しかもさんざんイワナが暴れまわった後だというのに、大橋が続いて僕と同寸のイワナを同じ場所で釣った。そしてさらに関口も、そして、なお驚いたことには僕がその後でさらにもう一尾追加したのである。

おそらくこの第三の滝壺の下には、信じられないくらいたくさんのイワナが群れていたのだろう。僕たちは長くて苦しい道程を歩いてきた末に、この世のものとも思われないものすごい釣りを経験することができたのだった。

その夜、僕たちはテントの外で焚き火をおこし、長い間語り続けた。長く降り続いた雨はとっくに上がっていたけれど、星も月もない、不気味なくらいまっ暗な夜だった。僕たちがおこした焚き火の明かりが対岸の黒い岩を照らし、そこだけがぼーっと浮かび上がっていた。自分たちがとんでもない経験をしたことを、何度も何度も語り合ったのだった。こんな希有な体験をした後で、簡単に寝つくことなどとてもできそうもなかったからである。

翌朝、僕たちは再び第三の滝壺をめざした。しかし、不思議なことにこの朝、僕たちはそこで一尾のイワナも釣ることができなかった。昨日、自分たちがそこにいたすべてのイワナを釣りきってしまったとも思えないが、とにかく、今朝はアタリひとつないのである。滝壺の下に集結していた大イワナたちは仲間の危機を知り、急きょ下流に下ったのかもしれない。

これはずっと後で聞いた話だが、産卵期に遡上してきたイワナは、人間の臭いを感じると、たちまち下流に下ってしまうのだという。思い出してみれば、あのとき僕たちは滝壺の付近をさんざん跋扈《ばっこ》してしまった。敏感なイワナたちは、サケ科特有の嗅覚で人の臭いを嗅ぎとり、逃げだしてしまったのかもしれない。滝壺から本流までは一キロ近くある。そんな長い距離を一気に駆け下ってしまったのだろうか。

僕たちはアタリがさっぱりなくなってしまった赤柴沢をあきらめると、その日は黒又川の本流を攻めることにした。本流には赤柴沢の滝壺から避難した大イワナがあるいは隠れているかもしれないし、また、別な一団が黒又ダムから本流の遡上止めをめざして遡っている可能性があるからだ。

黒又の本流は赤柴沢出合の上で大きくS字状にカーブし、その先からやや広い川原になっている。浅くて緩い流れの川原のところには、それこそどこかからわいてきたかのようにイワナが群れていた。秋も深まり、そろそろ産卵期に近づいたのか、イワナはこうした緩い場所に集まりだす。だが、期待に反して昨日のような大型はなかなか姿を現わさない。釣れてくるのはせいぜい尺止まりのものである。

しかし、最初の簡単な〝通らず〟を過ぎて、しばらく行った所でついに僕はめざす大物と遭遇した。ひとつのポイントを攻め、次のポイントへ移動中にふと浅い瀬に目をやると、黒っぽい丸太みたいなものが、底にへばりついてゆらゆらと動いていた。最初、僕は気にもとめないでそっちの方へ歩いていこうとしていた。

ところが、僕が近づくのを察知したのだろうか、その黒っぽい丸太が急に上流に向かって動きだしたのである。どんな丸太でも流れに逆らって上流に上るようなことはできないはずだ。とすれば、それは丸太以外の生きもの、すなわち大イワナにちがいなかった。

僕はあわてて歩みを止めると、音をたてないようにした。川底にへばりつくようにして泳いでいた「そいつ」は一〇メートルほどで泳ぐのをやめると、再び底にぺったりとくっついてしまった。僕は身を低くしてそっと近づくと、上からのぞき込んだ。間違いない。昨日僕たちが釣ったものよりはるかに大きく、ゆうに六〇センチはありそうな大イワナが、水深五〇センチくらいの浅い場所にじっとしているではないか。

僕は小声で関口を手招きして呼び寄せた。彼は「おおーっ」と叫んだ後、絶句してしまった。あまりの大きさに声を失ってしまったのである。

昨日に続いて僕は激しい歓喜の感情に襲われた。なんということか、こんな幸運が僕を待っていたとは、だれがそれを予測できたろうか。

＊

眩暈《めまい》と興奮の坩堝《るつぼ》に入り込んでしまった僕は、ふるえる手でハリにつけられる限りのミミズをつけると、それをやつの一メートルほど先に放り込んだ。ミミズはゆらゆら揺れながら沈んでいき、大イワナの前方に落ちた。その瞬間、大イワナはすごい勢いでミミズに突進し、ぱくっと食らいついたのである。澄んだ水の中で、白い口が大きく開かれてミミズが吸い込まれるのがよく見えた。

この瞬間合わせればハリ掛かりさせられるのだろうが、僕は一瞬躊躇《ちゅうちょ》してしまった。正常な判断力を失っていた僕は、事態に正しく対処する術がすでになくなっていたのである。合わせの動作に入らなければ魚は餌を吐き出して逃げてしまうかもしれない。しかし、早合わせでハリ掛かりに失敗したら元も子もない。たっぷりと食い込ませたほうがいい、と自分には言い聞かせていたが、実際の僕は金縛りに遭ったように手がふるえて合わせられなかっただけなのである。

そして、それが僕の運命の分かれ道でもあった。僕としては、充分食い込ませてから合わせたつもりである。その結果、おそらくハリは大イワナの喉の奥深くへ飲み込まれたことだろう。竿を強くあおり、イワナの重さが感じられたと同時に、驚いたイワナがものすごい馬力で一気に上流に向かって走りだしたのである。それはまるで大きな魚雷がいきなり飛び出していくような感じであった。

僕は竿を立ててその疾走を阻止しようとしたが、魚の重さを感じたのはほんの一瞬だけだった。直線方向に糸が走り、竿はまっすぐに伸びきっていく。竿の弾力を使ってそれをもう一度こちら側へ引きもどすことなどとてもできそうもないことだった。すでに竿はその能力を発揮できる限界点を超えていたからだ。瞬間的に糸が切れ、その先を、黒い丸太のような大イワナが深みへ全速力で泳ぎ去るのが見えた。

万事休す。魚は昨日の比ではなかった。一号の糸を僕は直結していたのだが、そんなものはこの魚にはまったく通用しないのだった。それに、まずかったのはハリを深く飲み込ませてしまったことだ。大型のイワナは歯が発達している。こいつにかかれば三号のナイロン糸だって切れてしまうだろう。そうしたことを考えずに、早く合わせなかったのが間違いのもとだったのである。

僕は逃げ去った大物の軌跡を追いながら、呆然としてそこに立ち尽くしていた。僕の手から逃げた魚は途方もなく大きかった。だが、それは大きかったが故に逃げたのでもあった。当時の餌釣りの用具の能力を超えた大イワナに、僕は完全に打ち負かされてしまったのだった。

しかし、そのことが逆に僕を勇気づけ、黒又川への再度の挑戦を促し、永劫回帰的な「よし、もう一度」という言葉を吐かせることになるのである。

あのときの空虚で打ちのめされた屈辱の瞬間、それこそが、僕をその後一〇年以上にわたって黒又川に通い続けることになった重要な契機だったのである。

人返しの淵を越えて
幻の魚止め滝への執念の遡行

山形県飯豊山塊玉川支流・大又沢

（昭和四十八年八月）

昭和四十年代の後半は僕個人にとっては激動の年だった。じつは、この年の秋に僕自身の生活が一変するようなことが続けて起こったからだ。以前の風来坊の生活を改め、真面目なサラリーマンとして就職したのである。

それまでの僕は大学を出て社会人になる自信がなく、ずるずると大学に残り続けていた。大学はいちおう卒業したけれど、それからさらに大学院に入り直し、研究と称してボーッとした生活を続けていたのである。しかし、このころの僕は研究よりはもっぱら釣りをするほうが忙しく、その多くの時間を源流で過ごしていた。

今ならこうした人物はさしずめフリーターと呼ばれ、あまり気にもかけられない存在だろうが、当時はまだそうした気ままな生き方が許されるほど社会はあまくなかった。いい若い者が仕事もせずに釣りばかりやっているということは、高度成長経済下にあった日本の現状からみれば、つまはじき者という烙印を押されかねなかったのである。むろん、僕は完全な無職のふうてんというわけではなかったけれど、実際にはそれに近い生活を続けていたのである。

僕は大学院での研究生活のかたわら釣りも続け、ついにはそれの最終段階である博士課程で学位論文を提出すれば、即卒業というところにまで行き着いてしまっていた。

しかし、これは今も変わらないが、文科系の大学院卒業者の就職はよほど優秀な人か、有力なコネがないとなかなかむずかしかった。いわゆる、博士浪人というのが、研究室のなかにゴロゴロしていて、皆が就職口を探していたのである。

そんななかにあってさして優秀でもなく、研究より釣りのほうに多くの情熱を傾ける人間を雇う大学などあるわけがなかった。釣りばかりやっている研究者なんて前代未聞である。自分からみても、このまま研究室に残ってがんばってみたところで絶対に大学の教官などになれないのは明らかだった。

＊

そんなとき、僕が入っていた東京渓流釣人倶楽部の顧問であり、日本の渓流釣りの大御所でもある佐々木一男さんから、突然、一本の電話をいただいた。

「白石、おまえ今暇だろう。だったら、いい話があるからすぐこちらに来い。釣りができるアルバイトがある」というのが佐々木さんの最初の言葉だった。

暇だけはおかげさまでいっぱいあったけれど金がなかった僕に、この誘いは大いに魅力的であった。アルバイトは好きじゃないが、「釣りができる」というフレーズにいたく刺激されたのである。だが、話はそれほどうまいものではなかった。

指定された武蔵小金井の喫茶店へ行くと、佐々木さんと一緒にもうひとりの人が待っていた。そして、その人がいきなり単刀直入に本題を切りだしてきたのである。

「君は大学院に残っているそうだけど、どこかの大学で教員として雇ってもらえるあてでもあるの？」

僕は突然核心を突かれた質問にどぎまぎして「いいえ、全然」と答えた。すると、僕の答えを待っていたかのように、

「これは強制ではないし、君の自由判断で決めていいのだが、今、うちは人手が足りないんだ。君は釣りが好きだそうだね。君が最近釣りの雑誌でいくつかの釣行記を書いているのを読ませてもらった。で、その感想を言わせてもらえば、君みたいに釣りが好きな人をじつは探していたんだ。というのも、うちではこれから釣りの本を何冊か出版しようと思っている。ついてはその編集の仕事を手伝ってもらえる人として君に目をつけたんだ。どうだろう、本格的に編集の仕事をやってみないかね」

と言うのである。

本の編集の仕事とはいっても、要するに釣りを職業にしないか、という誘いなのである。今でも僕は一般の方から「釣りで飯を食いたいがどうすればいいか」という質問を受けることがある。釣りが好きならそれは願ってもないことだろう。だが、当時は釣りで飯が食えるなどということはまず無理な時代であったし、僕自身はまだ大学への未練が残っていたから、この誘いには簡単には乗れないのである。僕はおそるお

そる質問をしてみた。

「そうなるとアルバイトではなく、本格的に就職するということですか。大学院もやめなければならない……」

「大学院に残っていたいわけ？」

「ええ。別にどこかの大学で使ってもらうというあてはないけど、僕は今の生活が気に入っているんです。貧乏な学生ですが、暇は適当にあるし、釣りにもこれでけっこう行けるから、もう少し大学には残っていたいんです」

「ということは、サラリーマンとして就職するのは抵抗があるんだ？」

「そうですね。アルバイトならやります」

相手の人は明らかに僕の答えに不満そうだった。彼はアルバイトではなく専業者として僕を欲していたのである。僕はバイトという軽い気持ちで小金井まで来たのだが、こんな重大な話になるとは思っていなかった。これではすぐに返事をするわけにもいかない。僕はまだ、気ままに暮らしていくという生活パターンを変える気持ちはなかったからだ。

だが、その人・Wさんは本当に人手が足りなくて困っているふうだった。そこで、今度は質問の方向をまるで変えてきたのである。彼は僕にこう言ってきた。

「ところで、君は今、ひと月いくらくらいのお金で生活しているのかね」と。

僕は思ってもいなかった質問にまごつき、再びどぎまぎしてしまった。実際、そのときの僕は親に勘当されている身であり、月の生活費はわずかなバイトで稼いだお金、三万円もあればなんとか生活だけはできた。そこで「三万くらいです」と答えたのである。

するとその人はしばらく考えた後「どうだろうか、給料は手取りで月一二万出す」と言って、僕の顔をのぞき込んだ。

それまで社会人としての経験がなかった僕は、世のサラリーマンたちがどのくらいの給料をもらっているのか、全然知らなかった。だが、長い間親から勘当の身で、経済的には困窮していた僕にとって一二万円というのは大金であり、じつに魅力的な条件にみえた。ただし、それを飲むことは大学に残るという希望を完全にあきらめることを意味していた。フルタイムで働くとなれば、研究生活などというあまっちょろいことは続けられるわけがないからだ。

しかし、僕はそうした条件を示されてもなお決断はつきかねていたのである。人間というものは自分の人生の道が変わろうとしているような重大な局面では、そんなに簡単に決断できるものではないのである。僕はしばらく考えた後、

「申しわけないけど、自分の夢は捨てられない。大学は続けていきたいのです。でも、佐々木さんには世話になったから、仕事は手伝います。ただし、お金はいりません。その代わり、僕ができる範囲でです。僕の力が必要ならそれをお貸しします。でも、それがために釣りに行けなかったり、研究の時間がなくなるようではいやです」。

そう言うとWさんは、

「変わってるね、君は。お金が欲しくないの」と言って、驚いているふうだった。だが、僕だってお金は欲しいのである。ただ、ここでお金をもらってしまえば、僕の一生は方向が決まってしまうことを恐れたのだ。

それからしばらくして、僕は佐々木さんの事務所に手伝いのため通い始めた。むろん、本職になれというWさんの誘いを断り続けて、あくまでも忙しい佐々木さんを助ける手伝いという意識で通っていたのである。しかし、Wさんの誘いは執拗であり、さらに僕に払う給料も「当時のサラリーマンの平均賃金の倍以上払う（最初の給料は手取りでたしか一六万円ちょっとだった）から、仕事を手伝ってくれないか」と言って、どんどん条件を上げてきたのである。

僕はそれでも誘いを固辞して、最初の三カ月くらいは、事務所に半日、研究室に半日という生活を続けていた。しかし、その時間の割り振りはしだいに仕事のほうにシフトし、ついには完全な事務所通いが始まってしまった。普通のサラリーマンの倍以上の給料という魅力に負けたのも事実だが、それ以上に仕事をしていくおもしろさと、責任の重大さを認識し、それによって僕自身が大きく変わってしまったのである。

かくして、いつの間にか仕事にのめり込み、翌四十八年には、僕は完全なサラリーマン編集者として、釣りの本の制作に専念していたのである。そうしたことは、当然ながら今までの僕の生活を一変させてしまった。金はなかったけれど、暇だけは腐るほどあった学生時代と違って、今度は暇がなくなってしまったのである。

これは源流のような場所へ行く釣り師にとっては大問題であった。というのも、ちょっとすごみのある場所へ行くとなれば、最低でも一週間くらいの日程が必要だったからだ。車と道路が発達した現在と違って、列車とバスが足であったこの時代では、三、四日くらいではたいした場所へ行くことはできなかったのである。

そんなわけで、昭和四十八年以降の僕の源流行はそれ以前に比べると、日程が短いものになっていった。以前は暇にまかせて時間をたっぷり取った日程を組んでいたが、これからはそうもいかない。仕事の合間を見つけての釣行であるから、時間的なことだけでなく、メンバーの制約をも受けることになってしまったのである。

＊

手伝いからバイトになり、やがて本格的な釣り本の編集者としてサラリーマンになった後、僕が初めて行った釣行は、飯豊《いいで》山塊の大又沢・梅花皮《かいらぎ》沢釣行であった。行ったのはサラリーマンが唯一長期休暇が取れる八月のお盆の時期である。暇のある学生のときなら意識的にこの時期をはずし、七月の末までにメインの釣りはすませていた。わざわざ混雑する時期を選ぶ必要性などさらさらなかったからだ。しかし、もうそんなぜいたくを言っていられる身分ではなくなっていたのである。

同行したメンバーは、当時、僕が所属していた東京渓流釣人倶楽部の若手だけで構成されていた「青年部」の人たちだった。青年といってもこの定義ははなはだ曖昧で、メンバーの最年長者である木村さんなどはすでに五〇を越えていた。ただ、気持ちだけが万年青年でありながら、その実体は壮年ないし初老であるわが「青年」集団約一〇人が、夜行の奥羽本線で米沢経由、米坂線小国駅へと向かったのである。

小国からバスで長者原まで行くのだが、えらい数の登山者で駅はあふれていた。お盆の混む時期に釣りに行ったことがなかったので、この時期にどのくらい混雑するのか、まったく予備知識がなかったのである。飯豊のふもとである長者原まで行くバスは、たくさんの登山者でいっぱいだった。そして、驚いたことにそのうちの何人かは小継ぎの渓流竿さえ持ってきているのだ。

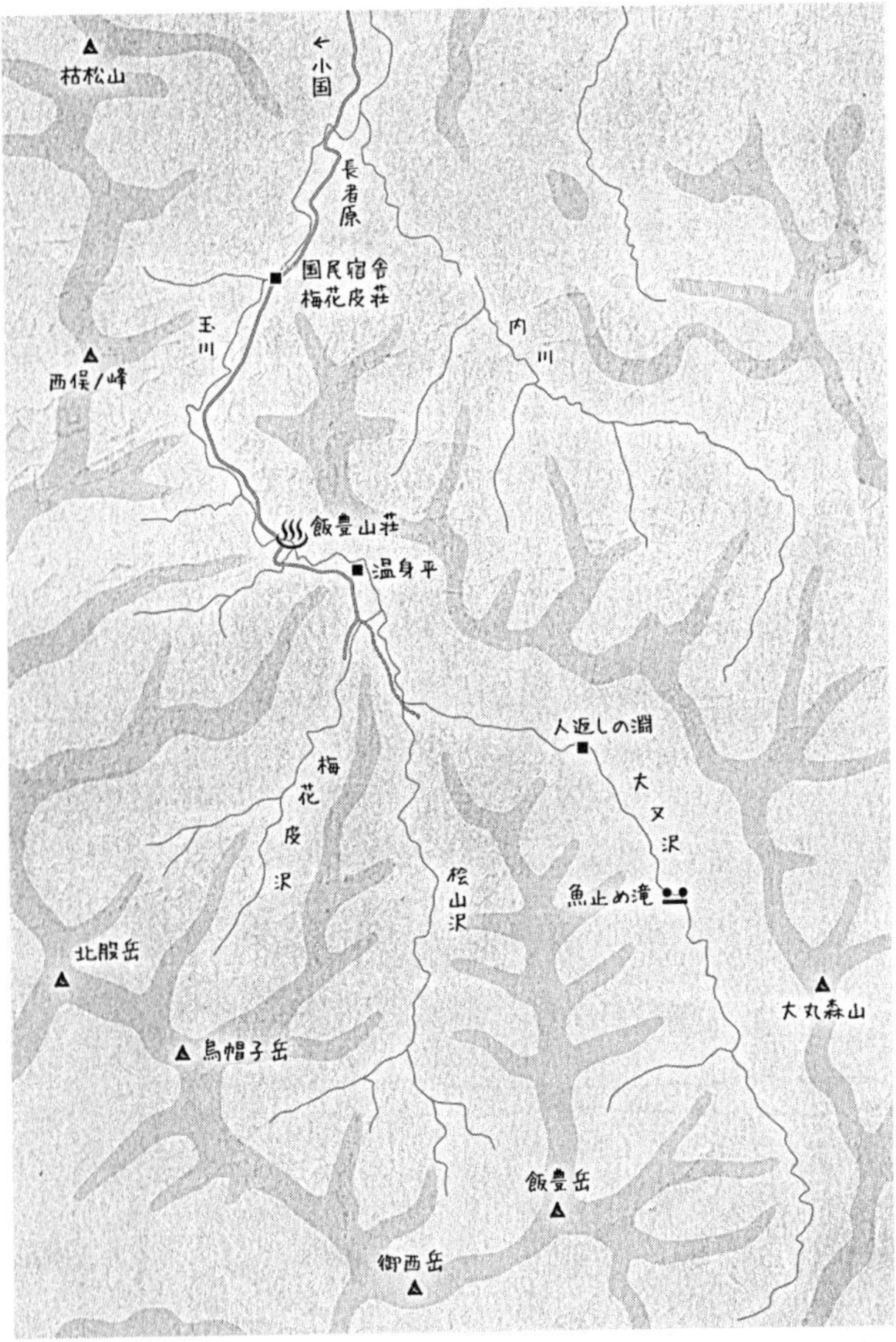

←小国
枯松山
長者原
国民宿舎
梅花皮荘
玉川
西俣ノ峰
内川
飯豊山荘
温身平
人返しの淵
大又沢
梅花皮沢
桧山沢
魚止め滝
北股岳
大丸森山
烏帽子岳
飯豊岳
御西岳

かつて、僕が山屋から渓流釣り師に転向したとき、山へ登る人で釣り竿を持っているなんて人は見かけたことはなかったのに、この一〇年で時代は大きく変わってしまったらしい。

飯豊がこれほど登山者に人気のある山とは知らなかった。いや、それ以上にお盆の時期の山がいかに混雑しているのか、僕は身をもって体験したのである。

＊

僕たちは飯豊へ登るたくさんの登山者に混じって、長者原から梅花皮沢出合まで約一時間強歩き、出合の少し下流・温身平《ぬくみだいら》にある、N社の長者原発電所合宿小屋に到着した。この小屋は木村さんの尽力があって、幸運にも五日間借りることができたものである。おかげで、居住性のわるいテントではなく、この快適な合宿小屋をベースに、飯豊の北斜面の渓流を探って歩くことができるのだ。

そして、小屋に着くと僕たちは荷物を置くのもそこそこに竿を持って飛び出していった。というのも、発電所の取り入れ口のプールで大きなイワナが数尾泳いでいるのを、早くも中野君が見つけてしまったからだ。こんな所にまでイワナがいるようでは、釣り場はかなり有望にちがいない。初日はいちおう小手調べということになっていたのも忘れ、皆はすでに釣る気満々という感じで出かけていったのである。

このイワナ目撃に触発された僕たちは、素早く沢割りをした。まだ時間も早いことだし、僕と中野君、矢田部さんの三人は檜山沢を行けるところまで釣ってみることにし、その下流部には宇田川さんたちが、そして梅花皮沢には木村、川村さんらが入渓ということになった。

梅花皮沢は有名な雪渓があり、そこから立ち昇る冷気が白い湯気のように見えた。そこに入る川村さんたちと別れ、急いで登山道を登っていくと、やがて檜山沢が見えてきた。だが、この沢は出合からいきなりきわどいへずりがあり、滝が続く渓相に僕たちは緊張させられた。花崗岩の磨かれたつるつるのスラブをトラバースし、小さな滝を乗っ越していく。

しばらく行ったところで竿を伸ばし、仕掛けをつけ、白い泡が切れる岩のすれすれのところへ餌のミミズを流し込む。水は青く透き通っていて、淵は深淵という言葉がぴったりするくらい美しい。こんなすばらしい場所で釣りができることの幸せを、僕は心ゆくまで感じていた。これこそ渓流釣り師だけが味わえる最高の特権なのだ。

だが、この檜山沢は残念なことに渓相のわりにアタリがない。というより、まったく魚がいる感じを受けないのである。この沢はえらくけわしく、遡行していくのがたいへんなわりには釣果がないのだ。わずかに、出合から三〇〇メートルほど行ったところで、矢田部さんが釣った尺物が唯一の釣果で、僕と中野君は結局坊主だった。

小屋へもどると、梅花皮沢へ入った組と大又沢出合下を釣った組もすでにもどっていたが、皆、思ったよりも不漁であった。これも、さきほどバスで出会ったにわか釣り師登山者がたくさんいたことの影響かもしれなかった。梅花皮沢へ入った組も大又沢出合組も、いずれも先行者がいて、思うような釣りができなかったのだ。どうやら、この温身平付近はすでに釣り荒らされた後のような感じで、道から近い場所での釣りはあまり期待できそうもなかった。

*

翌日、僕たちはもう一度ふた組に分かれて出発した。僕のほうは矢田部さん、木村さん、中野君に僕を入れて四人で、大又沢を魚止めまで遡行するのである。僕たちは、大又沢の中流にある魚止め滝までなんとしてでも遡行したかったが、そのためにも可能なかぎり早い時間に小屋を出発した。

昨日歩いた道はまだ朝露にぬれていて、檜山沢に架かる吊橋に着くころには四人ともすでに露でびっしょりになっていた。僕たちはそこで夜が明けるまでの短い時間を過ごした。大又沢出合は闇のなかから白く浮かび上がって、やがて光のなかにその全貌を見せ始めた。しかし、杣人《そまびと》たちに語り継がれてきた谿のけわしさは、そこからは微塵も感じられなかった。土砂に半分埋まった広い川原状の流れは、なんの変哲もない沢のひとつのようにしか見えず、この奥に恐ろしいまでにけわしい場所が隠されているとはとうてい思えなかった。

僕たちは吊橋を渡り、いよいよ大又沢に入る。だが、この有名な険谷もすでにたくさんの釣り人の洗礼を受けているらしく、下流部は人の足跡がべたべたついていた。それは、これから押し寄せるであろう渓流釣りブームを暗示する不安な指標のように僕には思えた。

今や、この日本から人を寄せつけないような聖地というものがなくなる日は近いであろう。下流からじわじわと上流へと押し寄せる文明の波、便利さと合理性に満ちたこの抗しがたき趨勢《すうせい》。僕たちがイワナの聖地と呼んだ地上の楽園は、ひとつずつ、確実に消えつつあるのだ。

僕たちは下流部のあまりにも人間臭い場所を嫌って、速いペースでどんどん遡行していった。流れ下る清冽な水の下にある石を伝って、右に左に渡渉を繰り返し、遡行のピッチはどんどん上がっていった。僕の前に広がる黒い岩の殿堂と緑の木々の壁は流れるように後方へと去っていく。

この快適さ、谿を歩く体のバランスと歩行のスピードがマッチしたときだけ感じる、あの独特な軽快さ。そして、若者だけがそれをもつことが許される、体の底からわき起こる力の横溢《おういつ》。そしてそうした若者には決して理解できないし、また信じることもできないあの力の枯渇。やがて、歳をとるにつれてだれにも平等に、しかも確実にやってくる体力の限界。そんなもののすべてが今の僕たち四人のなかには兼ね備わって、それが一丸となっているかのようだった。

僕はとりわけ年長者である木村さんの体力を考えつつ遡行のペースを選んだが、彼はまったく年齢を感じさせないふうに、軽々と谿を歩き続けていた。

＊

出合から一時間ほど歩いたところで、僕たちはひと張りのテントを見つけた。その住人は今しも起きたばかりという様子で僕たちを見ている。聞けば、大阪大学の釣り部の学生だそうで、前日出合を出発したのだが、水量が多くて昨日はここまでしか遡行できなかったのだという。

まだ一〇代であろう三人の学生の体からは、それこそあふれんばかりの体力がみなぎっている感じがあった。しかし、若さがもつ二面性、すなわち経験の浅さから生じる危険な可能性の萌芽もまた彼らには見られた。三人のうちふたりはまだ一年生で、こうした険谷に来るのは初めてだという。さらに遡行を続けようとしている僕たちに、自分たちだけで上に行くのはむずかしいのでぜひ同行させてほしいと、二年生のリーダーが言った。どうやら、昨日までの増水と遡行の困難さに三人ともかなり参っていたらしいのだ。

僕たち四人に彼ら三人を加えると、七人という大パーティになってしまい、釣りをするには大人数すぎるけど、この際それは仕方がないだろう。僕たちは学生たちが出発の支度をするのを待つ間に、竿を伸ばし、釣りを開始した。

七人の人間が狭い谷で釣るというのは想像以上に速いスピードである。ひとつのポイントを釣って、次に竿を出すにはほとんど走るくらいの速さで歩かないと先頭集団に追い着かないのである。そんなであるから、あまり一カ所でねばるような釣りはできない。いつまでもねばっていて気がつくと周囲にはだれもいず、先へ行った人びとに追い着くのがたいへんだからだ。

天下の大又沢だから、渓相は申し分ない。いたるところにイワナが潜んでいるような気がした。それなのに、昨日に続いてあまり魚が釣れないのである。出合からはかなりの距離を歩いているし、途中にはやばい場所もあったから、そんなに人は入ってはいないと思うのだが、アタリが遠く、型は小さいのである。こんな奥まで人が入っているのだろうか。

僕は渓相のすばらしさとは裏腹に半ば幻滅を感じつつ、上流に釣り上がっていった。すると、上の方で先行した人たちが集まっている。どうやら「通らず」にぶつかったらしいのだ。川は両岸が圧縮されたように狭まり、右岸側にはとがった特徴のあるピナクル状の岩塔がある。高巻きをしなければ、どうにも行けそうもないのである。

僕が荷物を置き、空身で両岸に弱点がないか調べてみた。その結果、左岸側を巻けばなんとか越せそうに見えた。だが、その巻きは僕らにはたいしたことはないと思えたのだが、例の阪大生たちにはかなりむずかしかったらしい。川底から五〇メートルほど登ったところから今度は左にトラバースしていくのだが、ここがちょっと高度感が出ていやな場所である。そこで、阪大生のひとりが恐怖感から足がすくんで動けなくなってしまったのである。

そして、その学生を助けたのはなんと僕たちのなかの最年長者である木村さんだった。彼が学生の荷物を持ってやり、手を取ってトラバースするのを助けてあげたのである。

若さあふれる体力の持ち主と老練な経験の持ち主との対決は、とりあえず経験が勝利したのだった。

＊

ピナクル状の岩塔からの長い高巻きを終えたところで、僕たちはひとつの大きな特徴のある淵に出合った。淵というよりは、二段になった滝の中段が、大きな壺になっているといったほうが適切かもしれない。高い所から見下ろすと淵はものすごく深い感じで、底は見えない。僕たちが上流に行くにはこの淵を渡渉しなければならないのだが、渡れそうな浅い場所は、淵尻から次の滝となって落ち込む滝の頭の部分だけである。だが、そこはきわめて流れが速く、危険なように見えた。

これが噂に聞く「人返しの淵」なのだろうか。これ以上遡行したかったら、この危険な部分を渡渉しなければならないのだが、水が少ないときならともかく、今日の状態ではとてもむずかしそうに見えた。もし、渡渉に失敗して流されれば滝から落ちて命はないだろう。しかし、もどるとすれば、もう一度あの高度感のある高巻きのコースを逆に下らなければならないのだ。

もどるか行くのか、どちらかを選ばなければならない。僕たちはここでしばらく考えた後、結局、進むことを選んだ。ここまで来た以上、前に進むしかないのである。僕たちは覚悟を決めてその危険な滝の頭の渡渉を開始したのだった。近くで見るとその部分はつるつるした一枚岩で、いかにも滑りそうな感じである。しかも、ザイルも持っていないので、ひとりずつ慎重に行動し、なんとか渡ることができたのだ。

だが、本当にたいへんだったのはじつはこれから先だったのである。人返しの淵を渡って右岸に達した僕たちは、そこで完全に行きづまってしまった。この先は狭いゴルジュ状のところから三メートルくらいの滝が吹き出すように落ちていて、もう先には行けそうもないように見えた。この先へ行くには、右岸を少し下流にもどったところから大高巻きしなければならない。

ところが、その大高巻きに取りかかろうとしたときに、矢田部さんが「この先にでかい滝があるぞ。音が聞こえる」と言いだしたのである。

そう言われてみれば、滝の音のようなものが聞こえる。それもそうとうでかそうな音である。これがもしかしたら噂に聞く、魚止め滝かもしれない。だが、音は聞こえても目の前のすごいゴルジュを越えていくことはちょっとできそうもない。

しかし、僕たちははっきり言って、あのピナクルの巻きをしてからというもの、もう前に進むことしか念頭になかった。もどるということは敗北を意味する。ここまで来て、どうしてそんなことができようか。ただ前進あるのみという一種の激情のようなものに支配されていたのである。

七人のなかで最も若い僕と中野君、矢田部さんの三人が、それまでの勢いにのってむずかしい垂直のゴルジュをへずりだしたのである。そこは下が斜めになった滝で、足を滑らせれば滝から落下して、次の滝まで流されてしまうかもしれない。だが、落ちたら落ちたときである。そんなことは歯牙にもかけず、僕たちは細かなスタンスを見つけ、そこを微妙なバランスで乗っ越していったのである。

そして、その先に、ついに幻の魚止め滝を見たのだった。滝は一〇メートルくらいの高さで、狭い岩盤の間から白い霧を吹き上げながら轟音を轟《とどろ》かせて落ちていた。滝壺は深く、いかにも大又沢の主がいそうな場所であった。おそらくあのゴルジュを越してこの滝を眼前で見た人は数えるほどしかいないだろう。僕はこの情景を写真に撮ろうとカメラを構えた。矢田部さんが竿を出し、魚止めの主を釣ってくれることを期待した。しかし、ここでもアタリはなかった。

僕たちの苦労をまったく無視するように、大又沢の魚止め滝はその神秘なたたずまいにふさわしく、ついに沈黙を守り通したのだった。

新たに見つけた谿にほとばしる
大アマゴのきらめき

静岡県大井川水系・寸又川本流
（昭和四十九年六月）

日本最大のアマゴ釣り場がどこかといえば、僕は大井川水系の河川、それも大支流の寸又《すまた》川水系こそ最高の場所だと断言したい。僕の古い釣り日記を読んでも、この水系くらい僕が通いつめたところはない。それほど魅力的で、釣り場としてもすぐれていた場所がそろっていたといっていいだろう。大井川本流がダムで寸断され、釣り場としての価値を完全に失いつつある現在においても、寸又川の釣り場はなおその貴重な輝きを保っているのである。だが、それだけの大物がいる釣り場ということは、それなりの理由がある。この水系での釣りはひと筋縄ではいかない難儀なものだから、なかなか場荒れしないで残っていたのである。

ところで、僕の寸又川水系の釣りは最大の支流である逆河内《さかさごうち》の遡行から始まった。猛烈にけわしく、遡行がむずかしいこの谿は、尺アマゴがそれこそうじゃうじゃいた。一苦労も多いがそれに見合う釣果が約束されたすばらしい夢のような谿でもあった。一日で尺を超えるアマゴがふた桁になるような釣り場は日本広しといえども、この逆河内以外にはあり得ないであろう（むろん、今では放流によって尺アマゴが入れ食いのところはたくさんあるが、ネイティブの尺アマゴのいる谿はここしかない）。

そんなであるから僕が寸又川へ行くというのは、そのまま逆河内へ行くということを意味していた。寸又水系で逆河内以外のどこかほかの谿へ行くなどということは初めは眼中にも入っていなかった。逆河内にはせっせと通ったが、いつも寸又川のほかの地域は素通りしていたのである。ここまで来てわざわざ情報のない場所へ行く必要も、また、発想もなかったのである。それが、寸又川本流に長いこと足を踏み入れないでいた理由のひとつであった。

それと、僕が寸又川本流を今まで避けていたのは、もうひとつ別な理由があった。それは寸又川の左岸に急速に林道が造られ、それにつれてたくさんの車が本流の方に押し寄せていたからだ。

逆河内の入渓は、寸又狭温泉から軌道敷跡に造られた右岸林道を、片道五時間ほど歩いていかなければならない。寸又狭温泉の所にゲートがあり、一般の車はそれ以上入れない。だから、逆河内方面に入る人は少なく、場荒れが少なかった。これに対して、左岸側の寸又川左岸林道、いわゆるスーパー林道の拡張は目を見張る速さで進行していき、そこを走る釣り人の車が、逆河内へ歩く僕たちにも見えていたのである。

だから、スーパー林道を使う本流方面は一般釣り師御用達のイージーな釣り場、長時間の歩行と厳しい遡行技術を要求される逆河内は限られた源流釣り師の専用釣り場、という勝手なランクづけを僕は行なっていた。そして、自分は後者の源流釣り師だから本流には行かない、あんなイージーな手段で釣りをしたところでおもしろくもなんともないと決めつけていたのである。

だが、ある日、僕たちは逆河内で会った釣り人から、逆河内よりもずっと流程が長くスケールも大きな寸又川本流が、じつは逆河内並みにすばらしく、大きなアマゴのいる釣り場であることを聞いたのだった。考えてみれば逆河内と寸又川は同じ水系である。そのうちの片一方が尺アマゴの宝庫なら、もう一方だっていないはずがない。僕たちは逆河内のすごさにだけ目が眩《くら》まされていて、寸又川の本質を見抜いていなかったのだ。

それと、実際にスーパー林道に行ってみるとわかるが、車でここを走るというのも楽ではない。当時はスーパー林道とは名ばかりで、林道の走行はたいへん難儀なものだった。一般の人が簡単な気持ちで走れるような場所ではなかった。それは「道路」という概念を超越した、ひどい「道」だったのである。

この地域は日本の地形が折れ曲がった割れ目の部分、すなわちフォッサマグナのどまんなかである。地盤がわるく、落石がきわめて多い。スーパー林道の実態は、石がごろごろ転がった河川敷のような道なのである。車で通行するにも普通の乗用車では話にならない。僕の知り合いでも、この寸又川で車に落石が命中してスクラップにしてしまった人が何人もいる。時には、走行中に山が崩れて、数百メートル下の谷底ま

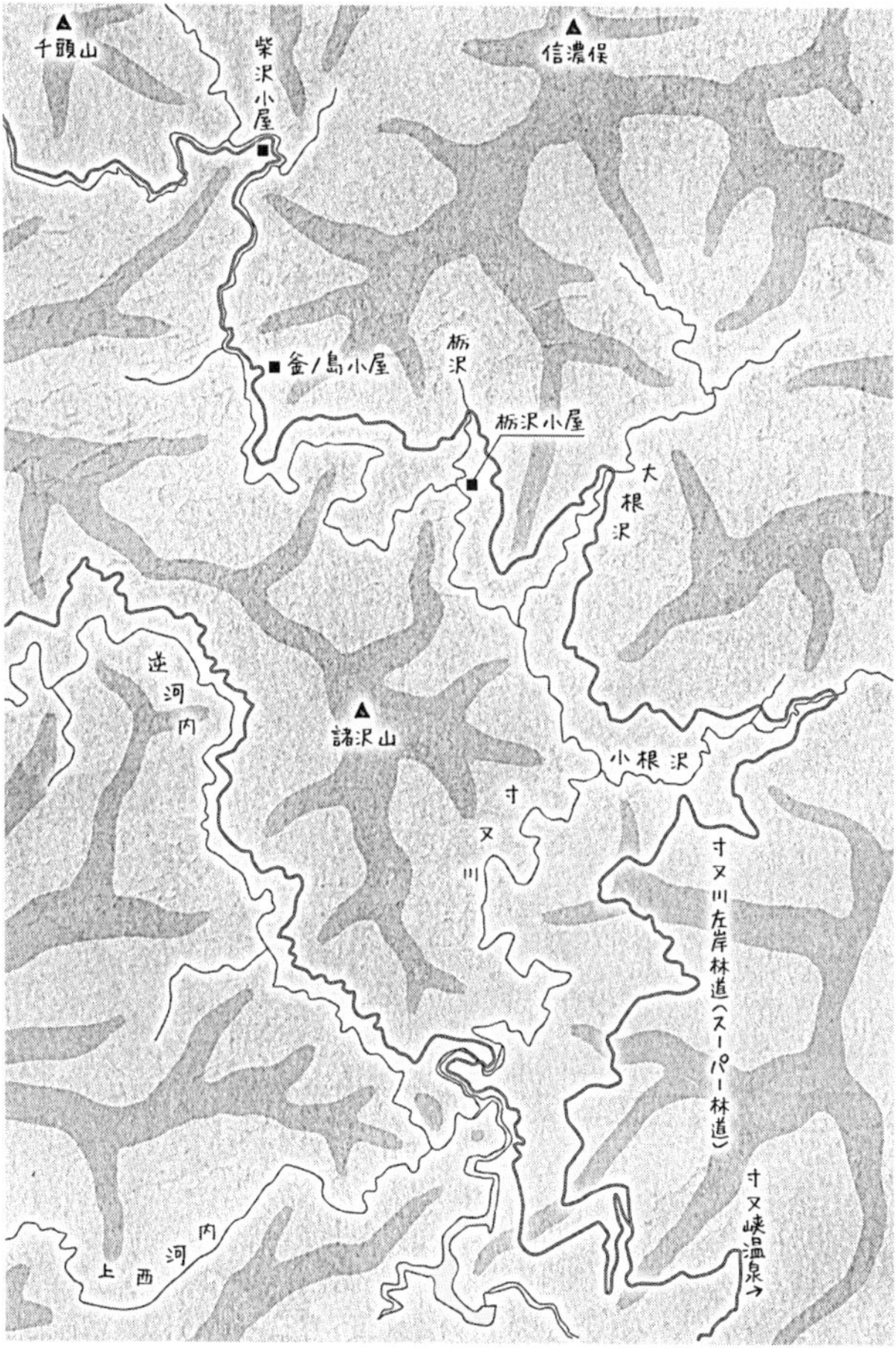
千頭山
柴沢小屋
信濃俣
釜ノ島小屋
栃沢
栃沢小屋
大根沢
逆河内
諸沢山
小根沢
寸又川
寸又川左岸林道(スーパー林道)
寸又峡温泉→
上西河内

で車が落ちてしまった例さえある危険極まりない道なのだ。

寸又川だけでなくこの付近の谿は、周囲のすべてがもろい岩でできている。岩という岩はどれもが無数のクラック（割れ目）が走り、ちょっと手で触れようものならぼろぼろと崩れだし、それがいつまでも続く。山の斜面は細かく砕けた石で埋まり、それが急なガレとなって、稜線まで一直線に延びている。山全体がガレの塊なのだ。しっかりとしたものなどなにもない。あらゆるものが不安定に積み重なり、相互に微妙なバランスで乗っているだけである。それは、ちょうど砂糖でできた山を歩く蟻のようなものであった。際限なしに起こる小規模な山崩れによって、道は絶えず破壊されていく。人はあたかもシジフォスの神話のように、崩れて埋まった道路の石をひっきりなしに掘り起こしていかないかぎり、目的地へ達することができないのである。寸又川本流はそうしたガレの崩落によって守られたじつに危険な谿であり、僕が最初に思い込んでいたようなイージーな場所ではなかったのだ。

＊

僕とK君が初めて寸又川本流を訪ねたとき、道はたしか大根沢を少し行ったあたりまでできていたと記憶している。そこまでの道程もスーパー林道という名とは違って、すごい荒れ方であった。道路のいたるところに落石があって、それをひとつずつどかして進まなければならなかった。

だが、とりあえず僕たちは林道工事を盛んにやっている少し手前まで行くことができた。そして、そこに車を置き、工事の人たちに挨拶をしてから、先の方へ行かせてもらった。寸又川左岸林道は今では強固なゲートが造られ、完全に一般車両は通行できないが、当時はまだのどかな時代で、釣り人の車を規制するような厳しい状況ではなかったのである。

道路工事の最先端まで来ると、山は太古からの息吹をいまだ残した原生林となった。だが、古い杣道沿いにある太い木々にはすでに伐採のための赤い印がつけられていて、やがてそこに車が通る道が造られることを暗示していた。この貴重な自然が失われるのも間近なのだろうか。そんなことを考えながらフォッサマグナのどまんなか、南アルプスの谿に刻まれた杣道を通って、僕たちは黙々と上流をめざす。

僕たちは釜ノ島へ至る杣道を歩き、栃沢を過ぎる。この沢の下の方、それも本流との出合近くには古い小屋があり、そこへ通じる道があるはずだ。だが、小屋へ下降する道はなかなか見つからない。そして、栃沢からだいぶ先へ行った急なガレ状の尾根のところでようやくその道を見つけた。それは思った以上にしっかりした道で、急角度で寸又川の谷底へ向かっていた。それを僕たちはほとんど駆けるように走り下ったのだが、それでも一五分近い時間を要した。林道は川底から二〇〇メートルくらいは高い所にあり、下降するにもそのくらいの時間が必要だったのだ。

降り立った場所はちょうど栃沢の出合の部分で、朽ち果てた吊橋がひとつ架かっていた。寸又狭からここまで歩けば八時間は要するだろうに、いったいだれがなんの目的でこんな場所に橋を架けたのだろうか。上を仰ぎ見れば、両岸から迫った斜面のすき間からわずかに空が見えた。谿は恐ろしく狭く、山の斜面は非常に急峻に見えた。

寸又川本流はその吊橋の所で直角に曲がっていて、先の方は歩きやすい川原状になっていた。僕たちはいつものように川虫の採取に取りかかる。寸又川水系で尺アマゴを釣りたければ、まず、川虫、それもオニチョロと呼ばれるカワゲラの大きなものを手に入れなければならない。これこそ尺アマゴが常食としている最も食いのいい餌なのだ。

ワンタッチのタマアミを下流に置き、上流の石を足で起こしてがらがらやると、たちまち数匹のオニチョロが採れる。それをぬれた水苔が入った餌箱の中に入れ、さっそく釣り始めた。

逆河内で釣る場合、いつもはハリスは〇・八号なのだが、今日は人が多少入っていると思われる本流なので、〇・六号に落としてみる。食いのわるさをハリスの細さでカバーしようというわけだ。だが、これが後々で思わぬ敗因につながっていくのである。

＊

寸又川の本流は両岸の急峻さからは想像できないくらいの平川で、遡行するのも釣り上がるのもとてもやりやすい。川幅は平均三〇～四〇メートル、水の流れている部分だけなら八～一〇メートルくらいだろうか。ところどころに高巻きはあるが、逆河内と違っておおむね楽勝で遡行できる。五・三メートルの竿では少し短いくらいの川幅で、竿は自由に振れる。

僕はさっき採った川虫をハリに刺し、瀬の部分に投餌する。本流は落差があまりなく、淵のような場所は少ない。川全体が石の少ない瀬ばかりで構成されている。典型的なヤマメ、アマゴの渓相である。

こうした瀬の多い大川はポイントの選び方がむずかしい。落差があったり淵の多いような場所は、深い所を狙っていけばたいがいポイントをはずすことはないのだが、水深の差があまりない平川は、ちょっとした水の流れ具合を読み取らないといけないからだ。

底にある石などでできたわずかな水流の変化する場所、岸近くのカケアガリになった場所などを集中的に狙うのがヤマメ、アマゴ釣りの常識であろうが、イワナ釣り師であった僕は、こういう場所の釣りには慣れていなかった。イワナなら落ち込みわきの巻き返しを狙えば充分釣りになった。ポイントを選ぶのに水流を読むような面倒なことなど必要なかったから、こんな平川の釣り場に来るとたちまち技術のなさをさらけ出してしまうのである。

底の浅い僕の釣りが馬脚を現わしてくる。僕はポイントがわからず、適当な所へほとんど餌を放り込む。源流のうぶな魚、人間の姿を一度も見たことのないような魚しか釣ったことがない僕には、本格的なヤマメ、アマゴ釣りの技術はさっぱり身についていないのである。

そのうえ、寸又川本流は逆河内と違って、人がけっこう入渓して、場荒れしている。魚はすれていて簡単には釣り人の餌に食いついてはくれないのだ。

思ったとおり、最初の一時間くらいの間、ほとんどアタリがない。岸辺には人の足跡があるわけではないから、先行者のせいでもなさそうだ。アタリがないのは魚が薄いからだろうか。

僕はしだいに焦りを感じてくる。頭のなかが混乱し、思考の回路をつなぐ通信ケーブルが切断され始めた。そうなると僕のようなタイプの人間は弱い。焦りがさらに次の焦りを呼び、目の前がまっ暗になってくる。頭のなかには暗雲がわき起こり、雷鳴が轟く。不安の念はしだいに大きくなっていった。

というのも、しばらくして同行のK君が、一尾の見事なアマゴを釣り上げてしまったからだ。尺まではいかないが、九寸は充分にあるきれいなアマゴを持つK君の爽やかな笑顔が僕をいたく刺激した。僕は自尊心を傷つけられ、ひどく打ちのめされてしまった。

どうしていつものように自由で気儘《きまま》な釣りができないのだ、と僕は自分に言い聞かせていた。だが、言葉とは裏腹に焦りが行動となって現われた。僕の遡行のスピードはしだいに速くなって、K君は僕よりも下流に取り残されることが多くなった。

僕は速いペースで釣り上がっていく。しだいに釣り方が雑になり、いわゆる好ポイントしか竿を出さない釣りに変わっていった。こうなるとすべてが狂ってしまう。釣れる魚も自ら釣り逃がしているようなものである。その間にK君は二尾目を追加していた。

*

だが、人の運命というのはわからないものだ。一寸先は闇というが、この日の僕には思わぬ幸運とそれに続くできごとが待っていた。運命の女神、三人のノルンは僕をまだ見捨てていなかったのだ。

目を血走らせて進む僕の前に、いかにもという感じの格好の淵が現われたのである。黒々とした水の色は淵の深さが半端ではないことを示していた。その場所は、さっきから僕が焦ってえらいスピードで釣り上がってきたポイントとはなにか違った、大物が潜んでいそうな雰囲気が感じられた。

僕はその場所に素早くにじり寄る。餌のオニチョロをつけ、水の流れを読む。混沌の闇のなかに現われた一条の光、そのかすかな明かりに照らされた希望の灯火に向かって僕は竿を振った。

激しい不安と希望の嵐が僕のなかでおたがいに闘いあっていた。餌は淵の上の方に落ち、速い流れのなかに吸い込まれるように消えていった。ただ目印だけが水面近くに漂って、その下にハリのついた餌があることを示していた。

目印は餌が落ち着くまでの短い間にいったん止まった後、静かに流れ始めた。緊張感はしだいに高まり、僕の目は目印に釘づけとなる。

一瞬、目印が動いた。アタリか。僕は全身が金縛りに遭ったように硬直し、竿を持つ手に力が入った。だが、それは気のせいだった。目印は僕の竿を持つ手が細かくふるえるのにつれて動いただけだったのだ。

僕は力が抜けたようになって、もう一度同じコースに餌を入れた。もうさきほどのような緊張感もない。そして目印は再びなにごともなかったかのようにポイントを流れ去った。

「ああ、やっぱりここもだめだったか」というあきらめにも似た気持ちがすぐに現われた。三度目も同じコースを流れる。そして四度、五度、目印は虚しさの証明のためだけに水面を流れ続けたのだった。

僕の前に現われたかすかな曙光は、たちまち消え失せようとしていた。闇は再び大きくその自己主張を繰り返し始めていた。

だが、それから数回流したとき、ふいに状況が変わった。目印が、目印が動いた。明らかに何物かの力が目印を下流へ押し流すことを阻止していた。

もうほとんど消えかかっていた希望の灯火が、ぼーっと大きくなった。胸がどきどきして、体は電撃を受けたように痙攣《けいれん》した。

僕は無意識のうちに竿をあおっていた。なにがなんだかわからないままに、夢中で状況を理解しようとした。

＊

餌釣りのむずかしさ、おもしろさは、アタリからアワセまでの一瞬の判断の間に

新たに見つけた谿にほとばしる大アマゴのきらめき

「想像力」を働かせなければならない点にあるといえよう。アタリを感じたら「早アワセをしたほうがいいのか、それとも送り込んでひと呼吸おいたほうがいいのか」を瞬間的に判断しなければならないのである。魚の食いは千差万別であり、アタリの様子から釣り人はものすごい速さで水中の状況を推測し、それに対処しなければならないのだ。

それは、たとえば毛バリ釣りのように魚が飛びついてくるのが見えたら、あれこれ想像する前に、即、合わせなければならないといった、決まったパターンしかないものとはわけが違う。ほんの短い時間のなかで、途方もなくたくさんのことを考え、選択しなければならないのである。餌釣りでは、豊かな想像力とそれに見合った反射神経が要求されるのだ。

それはともかく、僕は突然現われたアタリに瞬間的な早アワセをくれた。

僕の竿が跳ね上がり、そして途中で止まった。相手の力と僕の力が拮抗する地点で竿は上に跳ね上がる力を阻止されたのだ。通常は力のない魚、すなわち小さな魚は竿を引き止める力もないままに水面から抜き上げられ、釣り人を飛び越えた背後でピラピラと銀鱗を輝かせているだけである。ところが、こいつは僕が跳ね上げた竿を途中で引き止めてしまったのである。

釣り人の強い力に対抗し、竿を引きもどすような魚は選ばれた大物しかいないはずである。今、僕の仕掛けに食らいついたのは、まさしくそうした選ばれたものであった。

彼は僕の竿の動きを止めただけでなく、細い竿先の部分を水中に引き込んで、荒れ狂ったように淵の中を泳ぎ始めていたのである。烈しい奔放なエネルギーの放射、衝撃的な、錯乱した嵐のように秩序なく暴れまわる熱い生命の反抗。

僕は半ば夢中で、半ばなすすべもなく竿を立てて、相手が弱るのを待っていた。闘いの結末は僕には不透明極まりないものだった。僕が彼に負けるのは、相手の力量を見誤ったとき、すなわち自分の武器である仕掛けの能力が明らかに相手に対して過小であった場合である。僕は今、〇・六号という細いハリスを使っている。今でこそ糸はたいへん強くなり、簡単には切れないものだが、当時の糸は今とは比較にならないくらい弱く、このくらいの糸を引きちぎっていくのにそれほどの力はいらない。彼の引きからしてそんなことはわけもないだろう。僕の仕掛けはそれに耐えることはできそうもないと思えた。

しかし、幸運の女神は僕に味方してくれた。ヤツがいた淵の下流は浅い緩やかな瀬になっていて、下へ逃げることはできないのだ。彼は何度かそこへ走ろうと試みた末に、自分の退路が絶たれていることを、つまり、この淵の中で勝負を決するしかないことを理解したようだった。流れに乗って自分の疾走に弾みをつけることもできない。淵の中を縦横に走って己れの体力の大半を消耗するという絶望的な賭けに出るしか手段はないのだ。

だが、狭いその淵に彼がいたことが、そもそもの敗因だった。僕は不用意な引きで細いハリスを切られないように、慎重に竿を操作してやりさえすればいいのだ。やがて力尽きたヤツが浮き上がってきた。

でかい。それはとんでもなく大きく、王者の風格を漂わせたすばらしいアマゴだった。鋼《はがね》を思わせる硬く締まった体、鎧《よろい》でおおわれたように見える鱗の一枚一枚が銀色に輝き、鮮やかな朱色の小斑点が僕の目に眩しく映って見えていた。

寸又川本流の最初の大アマゴはこうして僕の手に落ちたのだった。

*

かつて僕は逆河内で四〇センチを超える大物を掛け、流れを駆け下る魚に引きずられて岸を走り、足を取られて転倒した末に逃げられた苦い経験がある。寸又川水系には信じられないような大物が潜んでいる。そうした魚が逆河内だけでなく寸又川本流にもいたのだ。さきほどK君に差をつけられて焦った自分が恥ずかしかったけれど、とりあえず僕は別な意味で動揺していた。こんなすごい大物を釣ってしまったことに対する興奮である。

だが、事態はさらに僕が想像もつかないような方向に進展していった。それから一五分ほどして、また同じくらいの大アマゴを掛けてしまったのである。さっきまでの不漁続きからみれば、あまりに落差がありすぎる尺物の連続ヒットとなってしまったのだ。

しかし、寸又川とはそうした川なのだ。これもずっと後になってわかったことだが、寸又川は非常に癖のある川で、まず、この川では朝のうちアタリがないからといってあきらめてはいけない。僕は何十回となく寸又川に通ったが、不思議とこの川は朝の早い時間はアタリが少ない。午前九時を過ぎたころから急にパタパタとくる場合が多いのだ。それも、驚くほど大きな尺アマゴばかりが連続して釣れてくるのである。だが、逆に一日中釣っていてもまったくアタリがないこともある。魚はいるのだが、なんらかの理由で餌に食いつかないのである。

今回はまさに寸又川の癖がそのまま現われたのだ。すなわち、朝のまだ水温が低いうちは（というのもここは標高が一〇〇〇メートル以上あり、アマゴの生息環境としては限界に近い場所なのだ）食いがわるく、陽が高くなって急に摂餌しだす寸又川特有の癖である。最初はここには全然魚はいないと思い込んでいたのが嘘のような釣れ具合になるのである。

それにしても、こいつはさきほどの魚以上に烈しく暴れまわった。そして、まずいことにはさっきと違って僕のいる場所は足場がわるく、逆に魚のいる場所は下流側の流れがとても急な、有利な場所であった。そこに逃げ込まれれば、魚の力に水圧が加わって容易に糸を切ることができるだろう。

魚は自分の思惑どおり下流への流れに乗って下り始めた。全速力で下流へ行けば、僕が使うどんなに太い糸も、その疾走を食い止めることはできないだろう。その前に魚の頭をこちらに向かせなければならない。だが、ヤツはしだいに速力を上げ、下の方へ走ろうと試みる。竿はぎしぎしと音をたて始めた。僕は力を込めて竿を立てる。糸が張りつめ、魚の頭がこちらを向くのがわかった。最初の疾走はとりあえず止まった。

しかし、まだ深い川の底の方でヤツは猛然と暴れまわっていた。K君が走ってきて僕の下手に回る。魚は下流部への退路を絶たれ、孤立した。勝利は僕の方に傾きつつあるように思えた。彼はしだいに速力を弱め、やがて水面からその美しい姿を垣間見ることができるようにさえなった。白い、銀色の魚体が矢のように水の中を走って、

K君が差し出すタマアミからすり抜けようとしていた。

僕は竿尻を持ってなんとか流れの緩い場所へ魚を誘導しようとした。K君がそこでタマアミを出して待っていた。

小判の形をしたあの独特のパーマークが、僕の目にもはっきりと見えた。四〇センチはありそうだ。ヤツはまだ大きな尾を振って、水面の水を炸裂させていたが、すでに最初の力強さは失せていた。自己の生命の最期に向かって一直線に進まざるを得ないものの絶望的な最後の反抗は力なく、しだいに小さくなっていった。

僕は確定しつつある勝利の瞬間に酔いながら、闘いの仕上げを敢行しようとした。すでに緊張も、闘争心をあらわにする必要もなかった。ただ、ゆっくりとK君が待つ所へ彼を誘導していけばいいのだ。

だが、運命は最後の瞬間において皮肉な結末へと転じた。ヤツがほとんど最後の力を振り絞って、あの大きな尾で水面を叩き、続いて信じられないような力で反転したのである。虚を突かれた僕は、あわてて竿を立てた。しかし、それはあまりに強く立てすぎたのかもしれない。力と力がまっ正面からぶつかりあい、竿は魚の引きを吸収するだけのしなやかさを失っていた。

糸がその部分を全面的に引き受けざるを得なかった。

引き合いはほんの短い一瞬だけで終わった。竿は引き込まれる力から解放されて、本来のまっすぐな姿に返っていた。重さを失った仕掛けは空中に漂い、それが僕をあざ笑っているかのようだった。

僕の仕掛けをぶっち切った彼は、われに返ったように白い魚体を反転させると、一直線に暗い大淵の底へ向かって消えていった。

呆然として立ちすくむ僕の耳に、谿の音が響き始めたのはそれからしばらくしてからだった。それはしだいに大きくなって、やがて僕の耳を聾《ろう》するかのように朗々と響き渡った。


「谿聲《けいせい》すなわちこれ広長舌、山色《さんしょく》清浄身にあらざることなし」道元。合掌。

国道の脇に見逃されていた
イワナの楽園の発見

秋田県成瀬川水系・北ノ俣川
（昭和五十年六月）

昭和五十年六月二十二日、僕と矢田部さん、関口君、および松原君の四人は、東北本線の一関駅駅頭にいた。一関に着いた時間ははっきり覚えていないが、たしか、夜行列車で行ったので、朝の早い時間だったと思う。

そこで僕たちは矢田部さんが前もって予約しておいてくれたレンタカーを借り出すと、まず、食料品などの買い出しを開始した。四人の三日分の食料やそのほか必要なものを買い込むのである。

荷物は最小限にするというのが僕の釣行計画での基本的な原則であったが、このときは車を使った釣行ということで気が緩んだのか、必要以上にたくさんの物を買い込んでしまった。それにキャンプ道具や釣り具がいっぱいつまった四個のザックを車の中に入れると、トランクだけではとても収まらない。狭い座席のスペースにも食料やテントなどが置かれた。こうなると、人間は荷物の間になんとか居場所を見つけるしかない。きゅうくつだが、仕方がない。旨い飯が食いたいという「ぜいたく」な要求を出したばかりに、こんなめに遭わなければならないのである。

ところで、一関というと東の太平洋側の渓流、たとえば砂鉄川とか気仙川などが有名だが、今回の行く先はそっちではない。それとは逆の西の方角である。すなわち、一関から山を越えて、秋田県側の成瀬川の源流部を探るのである。

成瀬川については、今ではいいイワナの釣り場のひとつとして知られているが、このころは否定的な情報が多くて、釣りができるのかどうか、よくわからないところがあった。というのもこの川の最上流部は鉱毒が流れていて、魚がいないことが噂されていたからである。しかし、その途中にある北ノ俣川は鉱毒は流れていないのではないかという僕の希望的観測があった。本当のところはどうなのか、僕は期待と不安をもってこの川の実態を調べにやってきたのである。

＊

遅い東北の春もようやく終わり、山の木々は緑をいっそう濃くしていた。四人の人間とその荷物を満載した小型レンタカーは、国道三四七号線を磐井川沿いに西に走っていく。この道はやがて、この地方の名所・厳美渓を過ぎると緩い登りとなり、栗駒山の裏手から須川温泉を経て、秋田県へと入っていく。

栗駒山への登りになると、斜面のいたるところに山形ナンバーの車が置いてある。付近は完全な山のなかで、人家もないのになぜこんなにたくさんの車が、それも山形ナンバーの車ばかりがあるのか不思議であった。ところが、しばらく進むうちに、それがこの付近に生えるネマガリタケを採りにきた人たちの車であることがわかった。僕たちも東京くんだりから、こんな遠くまで来たのだが、タケノコのために山形辺り

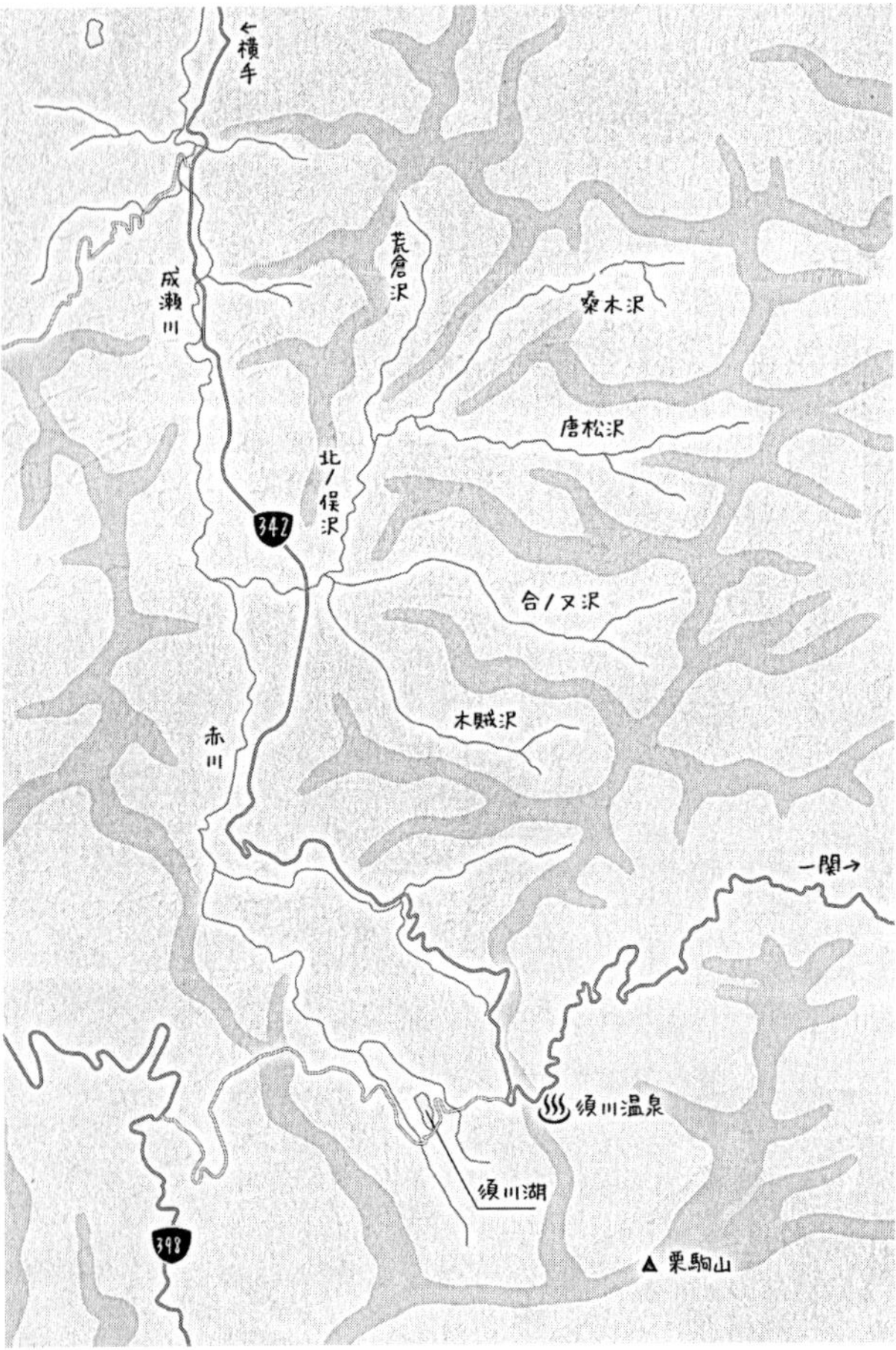

←横手
成瀬川
荒倉沢
桑木沢
唐松沢
北ノ俣沢
342
合ノヌ沢
赤川
木賊沢
一関→
須川温泉
須川湖
398
▲栗駒山

からわざわざ来るとはすごいものである。山形にもいい場所があるのではないかと思うのだが、そのあたりの事情はよくわからない。きっとこの付近はいいネマガリタケが出るのであろう。

そのころの国道三四七号線は舗装こそしてないが、比較的走りやすい道で、僕たちはきゅうくつな座席に我慢しながらも山道をえっさえっさと上がっていった。そして、峠付近にある須川温泉の所から、今度は右折すると十文字の方向へ行く道に入った。

この道は現在は国道三四二号線となって舗装もされているが、昭和五十年当時はとんでもない悪路で、ただでさえサスペンションが傷んでいたレンタカーは、たちまち悲鳴を上げ始めた。

一〇〇メートル走るごとに腹をこするような具合で、まるでサファリラリーかなんぞをやっているかの気分になってしまう。この区間は某氏が運転していたのだが、腹をこすることなど気にしてはいない。そんなことは意に介さず、かなりのスピードで走っていく。

実際、車の腹をこする程度のことを気にしていては、こんな道はとても行くことはできないのである。ところが、そのうちに特に大きな突起が現われ、それを乗り越えたとき、車の下の方で「ドカーン」というものすごい音とともに、衝撃が起こった。

僕はたまたま助手席にいたのだが、衝撃はちょうど僕の足の真下で起き、そのショックで僕の足は三〇センチほど跳ね上げられたくらいである。そして、再びぼくの足が車のフロアに降りたときには、なんと車の底の鉄板がたんこぶのように盛り上がっていた。ということは、車の腹の部分が石に当たって大きくへこんでしまったということなのだ。

しかし、そのときの某氏の言い草はふるっていて、今でもよく覚えているが「ま、レンタカーじゃしょうがねえな。高い銭《ぜに》払ってんだもの、しょうがねえ、しょうがねえ」と言って、平然としているのである。レンタカー屋さんが聞いたら頭から湯気をたてて怒りだしそうなせりふだが、とりあえずは僕も某氏の言葉に従った。

後で、車を返すとき、僕はこれがバレるのではないかとびくびくしたが、幸いなことにレンタカー屋さんは車の外見をさっと見ただけで、なにも気がつかないで終わってくれた。

＊

それはともあれ、須川温泉からしばらくの間、左手に見える赤川が成瀬川の最源流になるのだが、その名前のとおり川底がまっ赤で、いかにも鉱毒が流れているという感じである。しかし、僕たちの目的地はここではない。一〇キロほど進むと、右から大きな沢が入ってくる。それが、今回の目的地、北ノ俣川である。

北ノ俣川については、昭和五十年当時はまだほとんど東京の釣り人には情報がなかった。ただ、須川温泉から流れ出る赤川には強烈な鉱毒が流れているといわれ、その関係から隣の北ノ俣川もヤバイというのが、僕たち周辺の一般的な情報であった。しかし、その情報はあくまでも推測の域を出ないもので、実際に現場を見て確認した人は僕たちの周囲にはだれもいなかったのである。

僕は赤川の鉱毒については聞いていたが、地図を見ると、成瀬川（赤川と北ノ俣川が合流した所からこの名前になる）の上流部には五本の沢が連続して流れ込み、その一本一本はそうとう奥が深そうで、いかにもイワナの有望な釣り場に思えた。

五本も沢があれば、いくら鉱毒があるといってもそのうちの一本や二本はきれいな水が流れていても不思議ではない。そう考えると北ノ俣川はとても有望そうな沢に思えてくる。もし、鉱毒が流れていないとすれば、そこはだれにも手をつけられたことのないイワナの桃源郷かもしれないのである。

だが、僕には赤川の鉱毒の話がオーバーに伝わっていて、なかなかここへ来るという決心がつきかねていた。

今回、ようやく心を決め、成瀬川へやってきたのは、僕の地図の読みと、長年培った勘みたいなものが働き、「北ノ俣川はたぶん鉱毒は流れていない。ほかの人はみな鉱毒を恐れて手を出していないが、ここはきっとイワナの桃源郷にちがいない」という思いがしたからだ。

当時はまだ、全国に未知の渓流釣り場がたくさんあり、それの開拓時期でもあった。僕たちはこうした未知の場所へのアタックをかなり頻繁にやっては新しい好釣り場を見つけていた。北ノ俣川への試釣も、そうした未知の可能性を秘めた釣り場の開拓の一環として展開されたものだったのである。

情報のない釣り場への試釣は、たいていの場合、読みが当たっていい釣りをすることができたのだが、時にはまったくの誤算から全然魚がいない場所だったり、毒流しで全滅した谿だったりしたこともむろんある。

そんなであるから、だめで元々、うまくいけば大釣りという、半分は賭けのような気持ちで今回の北ノ俣川にもやってきたのだった。

＊

赤川沿いの道をしばらく行くと、やがて右手から大きな川が入ってきた。当たり前だが、地図どおりに北ノ俣川が入ってきていたのである。しかし、地図と大きく違うのはその付近の景観である。僕の持つ地図では、周囲はブナの林でおおわれているはずだったが、川の入口付近はよく手入れされた牧草地になっていた。そして、驚いたことには北ノ俣川を渡る道路はものすごく立派なコンクリート製の橋でできていた。その前後の道がこれまたものすごいダートだったのとは対照的な、立派な橋なのである。

イワナ釣りというのはとにかく人間社会から遠く離れていればいるほどいい。未開拓な原生林とか、道なき所を何日も歩いてようやく到達できるような場所なら最高である。それに対して対極をなすのが、こうしたコンクリートに代表される文明の進歩の波状攻撃だ。

僕たちは半ば当惑ぎみに橋を眺めていた。文明の波は日本中果ての果てまで確実に進行し、そこからこぼれ落ちるものなどごくごくわずかであることをこの橋は示していた。そして、もっと驚いたのは、橋の付近にあった大きな看板であった。そこには北ノ俣川周辺のイラストマップが描かれていたのだが、なんと北ノ俣川の部分に矢印をつけて、ごていねいにも「岩魚の好釣り場」と書いてあったのである。

ということは、少なくとも最初に心配していた鉱毒は流れてはいないことになる。イワナはいるのだ。だが、僕たちが予想したイワナの桃源郷とはだいぶおもむきが違うようなのである。

「なんだよーっ、これは。ダメじゃねーの」と矢田部さんが江戸っ子弁で言った。
「この調子じゃずいぶん人が入っているな」関口君もがっかりしたように口をそろえる。

僕のもくろみ、すなわち、鉱毒伝説によってだれからも見捨てられていたイワナの桃源郷という夢は、早くも崩れ去りつつあった。だが、ここまで来てあきらめるわけにもいかない。気を取り直した僕たちは、右岸沿いにある林道に車を突っ込んでいく。道はそのときは掘削中で、橋から三〇〇メートルも行った所でおしまいとなった（今はもう少し奥まで行っている）。ここで、僕たちは荷物を下ろすと、木賊《とくさ》沢の出合まで歩く。といってもわずかな距離で、ものの三〇分もかからないうちに出合に着き、テントを設営することができた。

車から降りてわずか三〇分でベースが設営できるような場所が、はたしてイワナの桃源郷であるかどうか、はなはだ疑わしかったけれど、とにかく、木賊沢と北ノ俣川が合流する場所のすぐ下にテントを設けたのである。

ここまでは道もしっかりしていて、かなりの人間が入ってきているようであった。鉱毒という第一関門は無事クリアーしたが、はたして僕が思うとおりイワナの桃源郷であるのかどうか。それはかなりあやしい雰囲気となってきたのだった。

テントを素早く張り終えると、いよいよ第一日目の釣り開始である。左の北ノ俣川のほうが本流で水量は多い。そこで、初日は左の北ノ俣川に矢田部さん、関口君が、右の木賊沢に僕と松原君が入ることになった。

＊

六月の下旬とはいえ、まだ雪代は出ていて、水はどうどうと流れていた。木賊沢に入るには北ノ俣川の出合で本流を渡渉していかなければならないが、これがなかなかしんどいのである。同行の松原君は渓流釣りを始めたばかりで、川を歩くのもまだ慣れない。それがいきなり増水した川の渡渉では、ちょっときつすぎたかもしれないが、なんとか流されもせず、無事対岸へ渡ることができた。

地図によれば北ノ俣川の出合を過ぎてすぐに合ノ又沢が合流するはずである。僕たちはそこまで竿を出さずに歩いて、その出合から木賊沢を釣り上がっていくのだ。

合ノ又沢は入口がゴルジュになっていて、奥の方に滝が見えた。遡行は少し骨が折れそうな感じである。この沢には明日入ることにして、僕たちはその出合の所で釣りの支度を開始して、木賊沢へ入っていった。

木賊沢は川幅が四メートルくらいの小さな沢で、竿も五・三メートルもあれば充分である。しかし、このときは雪代水が川いっぱいに流れていて、川原が埋まっているため、上流へ遡っていくのは厳しかった。ちょっとした所でも川原がないために両岸をへずるか、ヤブのなかを歩かなければならなかったからだ。

最初、僕は竿を出さずに、松原君に釣り方のコーチをしながら後ろから彼が釣るのを見ていく。彼は速い流れに苦戦して、ポイントにうまく餌を送り込むことができない。オモリが軽すぎることも一因だが、それ以上に水量が多すぎるのだ。しかも、イワナが好みそうな緩い流れの淀みは雪代水でほとんどなくなっている。

本格的にイワナを釣るのは今回が初めての彼は、真剣な表情で釣り上がっていく。だか、なかなか素人に掛かってくれるイワナというのはいない。そんな簡単に釣れるならだれも苦労はしないのである。いくつかのポイントを攻めてみたものの、どうも思わしくない。

水の色は赤川のまっ赤な色とは違って、澄んでいる。鉱毒などありそうもないし、川の入口の所に「岩魚の好釣り場」と書いてあった以上、イワナは間違いなくいるだろう。ただ、その数は僕が想像していた以上に少ないのかもしれなかった。

あまりにアタリがないのに業を煮やした僕は、自分自身で竿を出して様子を見る。そして、松原君より先に出て、ポイントに竿を出そうとして、はっとした。イワナが淵尻の浅い所に数尾、かたまって泳いでいるのが見えたからだ。それが、僕が前に出た姿を見て、パッと奥の方へ逃げていったのである。

イワナは雪代に乗って、淵尻の広い場所に出ていたのだ。ところが、そんなことは知らない僕たちは、イワナの目の前にどーんと突っ立ってしまったから、彼らはびっくりして逃げてしまって、アタリがなかったのである。

＊

僕はポイントへのアプローチを変え、低い位置で静かに下流側から淵尻の部分へ近づき、イワナから釣り人の姿が見えないように心がけた。そして「そこだ、ほら、あの流れの急な淵の最後の所に三尾ほどイワナがへばりついているだろう」と松原君に教えてやる。

淵尻にいるイワナは、なにごともなかったかのように、泳ぎ回っていた。それは長い冬が明けて、春を楽しんでいるかのように見えた。それを後ろからふたりで見ていると、彼らを釣るのがなにか可哀相な気分になってしまう。

だが、とにかく間違いなく北ノ俣川水系にはイワナがいたのだ。それも、ひとつの淵だけでこれだけの量がいるということはまだまだ捨てたものではない。イワナの桃源郷とはいえなくとも、好釣り場の部類には入ることは間違いなさそうである。

僕たちはイワナの輪舞をしばらく見た後、釣りの作業に取りかかった。しかし、松原君がそれを釣ろうとして身を乗り出すと、とたんに淵の奥の方へ素早く逃げだしてしまった。どうやら、浅い淵尻に出ているために警戒心がそうとうに強いらしい。そのため、次の淵ではポイントをのぞくことをせずに、体を低くしてアプローチし、淵尻の少し上に投餌した。そこに魚が出ているのかどうかわからないけれど、とにかく餌を放り込んでみようというわけである。

するると、すぐさまアタリがあった。淵が終わって浅い瀬になる直前の場所で餌を追っていたイワナが、松原君の仕掛けに食いついてきたのである。

＊

木賊沢での初日の釣果は、桃源郷という言葉には語弊があるが、イワナの楽園程度の表現はしてもいいのではないかと思うほど釣れた。イワナ釣りを始めたばかりの初心者であった松原君でも、制限尾数に近い釣果があったからだ。

しかし、僕たちは川の途中で二個の堰堤に出合った。川沿いには道路はなかったはずなのに、どうしてこんな所に堰堤があるのかわからない。だが、とにかく間違いなく堰堤があったのだ。

最初の堰堤は半信半疑だったが、ふたつ目に出合ったところで僕たちは小さな踏み跡を見つけた。どうやらこの踏み跡を通って堰堤の資材を運んだらしい。だが、この道はどこへ通じているのだろうか。僕たちがテントを張った北ノ俣川出合付近にはそれらしい道はなかったはずだからだ。

僕と松原君は大漁に満足しつつ、その踏み跡をたどってベースの方へもどってみた。杣道はなんと合ノ又沢の出合まで続いていて、そこで切れていた。じつに中途半端な道だが、杣人が一般の人にはわからないように作った「隠し道」なのだろう。

杣道を歩く松原君はとても楽しそうだった。生まれて初めて尺イワナを釣った彼にとっては、この日は最良の日であったろう。僕は道を歩きながら、ヤマウド、タラノメ、コゴミなどの山菜を彼に教えてあげた。そのうえ途中で出会ったマムシの捕まえ方も見せてやった。木の枝を切ってその先端をナイフで割き、二叉にしてマムシの頭をそこにはさむのである。松原君は気持ちわるがっていたが、僕としてはこれも新人教育の一環と思って指導したのである。しかし、そのマムシを持って「蒲焼にしよう」と僕が言うと、さすがに彼も困ったふうだった。

僕たちは隠し道を終え、それから川通しに少し歩いて北ノ俣川の出合のベースに到着した。まだ、北ノ俣川組はもどっていなかったので、松原君とふたりで焚き火の支度を始めた。そして、釣ってきたイワナを木の枝を切って作った串に刺し、燻製《くんせい》作りの準備に取りかかる。

やがてもどってきた北ノ俣川組の分も含めて、キープした尺上のイワナの串刺しを焚き火の周りに置いた。「蒲焼にしよう」と言って捕まえたマムシも串に刺されて焼かれている。イワナの燻製はいつものことだが、マムシの燻製は僕にとっても初めての経験である。

イワナを串に刺す場合、口の部分から背中の方にかけて串を刺していき、最後に尾の少し手前で止めるのがコツである。尾から串を突き出す、いわゆる「踊り串」というのがあるが、これだと焚き火で焼く場合、魚が回転してしまうからダメなのだ。しかし、魚と違ってマムシはそうはいかない。背中の肉などわずかで、串を通すと身がバラバラになってしまう。仕方がないから、皮を剝いだマムシをS字型にして、縫い刺しの形で刺してみた。これがなんとも不気味で近寄りがたい形になって皆は気持ちわるがったが、僕はいっこうに気にしないでマムシの燻製を作ることに専念していた。

＊

食事を終えた僕たちは、焚き火を囲んでおたがいの釣りを語り合った。キャンプ釣行ではいちばん心が落ち着く時間であり、また、楽しみのときでもある。

矢田部さん、関口君の北ノ俣川組は荒倉沢の出合までしか行けなかったというが、尺イワナがそうとう釣れたらしく、ふたりの大漁の話に僕も耳を傾けていた。

餌のオニチョロを採る話や、途中の淵で逃した大物の話など、話題は次々と移っていき、跡切れることがなかった。矢田部さんたちの話によれば、本流は魚の量は多くはないけれど、型がよく、尺物ぞろいであったという。むろん僕たちのほうとてわるくはなかった。それからみても明日の釣りはおおいに期待がもてそうである。

焚き火のほの暗い炎のなかに、今日僕たちが釣ったイワナの串刺しが、黒いシルエットになって見えていた。燻製はなかなかできそうもなかったが、別に急ぐ必要はなにもなかった。その間、僕たちはいろいろな話をしながら何度も串をひっくり返して、火がまんべんなくイワナに行き渡るようにじっくりと焼いていた。

赤い炎から発する熱で、ジュウジュウと脂が出て、それが頭の方に流れてそこで固まっていく。イワナの燻製を作るときは、頭は必ず下側に向けて刺さないといけない。そうでないと脂が頭のところにたまらないからだ。脂がたまって固まった頭の先端部分がいちばん旨いのである。

だが、今日の釣りにすっかり疲れきった僕は、それが完成する前にすでにシュラフの中にもぐり込んでいた。

翌朝、燻製はうまそうな飴色にできあがっていた。松原君と矢田部さんが夜遅くまでがんばって仕上げまでしてくれたらしい。僕たちは朝御飯にそれをひとり一尾ずつ食べて、残りは矢田部さんがテントの奥の方にしまった。

それから、再びふた組に分かれて釣りを開始した。今日、僕たちは合ノ又沢を、矢田部、関口組は唐松沢を攻める。

矢田部さんたちと別れた僕と松原君は、すぐに合ノ又沢の出合に達した。ベースからここまでは、ものの一〇分もかからない距離にあるのだ。

だが、そんな近い距離だといっても合ノ又沢にはそれほど人は入っていないようだった。というのも、この沢は出合からすぐの所に高い滝があり、滝の周囲は切り立っていて遠くからはちょっと簡単には越えられそうもないように見えたからだ。しかし近づいてみると右岸に巻き道がしっかりついていて、さしたる問題もなしに越えることができた。

滝の上にはもうひとつ滝が控えていたが、これも容易に巻ける。ところが滝の上はナメが発達した渓相で、思った以上に魚はいないのである。

僕たちはこの部分を速いペースで飛ばしていった。今回の釣行はこれ以降のための試し釣りである。北ノ俣川水系全体がどこまで魚がいて、各沢のどの付近がいいのかを調べるのが目的だから、釣れても釣れなくても距離をかせいで魚止めまで行かなければならないのである。

ところが、この沢は昨日の木賊沢と違ってどこまで行っても魚がいる。魚止めがそうとう上流にありそうなのだ。

結局、その日は高度計の針が六〇〇メートルまで上昇したところで時間切れとなり、引き返さなければならなかった。しかし、その後で再び入渓して確かめたところでは、最上流の二俣の水がほとんどなくなるところまでイワナは生息していた。

＊

合ノ又沢に僕たちは深く入りすぎたせいか、ベースまでのもどりはひどく時間がかかってしまった。ほとんど走っているような速さでもどっていったが、それでもテントまで二時間以上はかかった。

そして、息を切らせてテントにたどり着くと、すでに唐松沢組はもどっていた。だが、リーダーの矢田部さんの顔がどうも浮かない。

「なにかあったの」と尋ねると、

「最後にテントの入口を閉めたのは、たしかおれだったよね。白石君じゃないだろう」と言う。

「そうだと思うけど、どうして」と言うと、「いや、どうもだれかがテントの入口を開けたような形跡があるんだ。でも、置いといたカメラなんかもそのままだし、白石君も松原君もちょっと自分の荷物確認してみてくれないか」と言う。

僕は長年テントの中にいろいろなものを置いたまま山へ行ったり、釣りに行ったりするが、いまだかつて物を盗まれたという経験はなかった。だから安心して金目のものでもテントに置いていたのだが、このときはさすがに心配になって自分の荷物を調べてみた。

しかし、僕も松原君もなにも盗られた形跡はないのである。

「おかしいなあ。それじゃ気のせいか」と矢田部さんがつぶやいたとき、僕はテントの中がなにか朝出かけるときとは様子が違っていることに気がついたのである。だが、しばらくはなにが違っているのか自分でもわからなかった。

それから少しして、不意になにかがなくなっているというか、異様なものが残っていることに気がついたのである。

「魚だ。燻製をだれかがかっぱらったんだ」と僕は叫んでいた。

なんと、テントの中に矢田部さんが大事にしまっておいた燻製が一尾残らず持っていかれていたのである。そして、ただひとつだけ、例のだれもが気持ちわるがって手を出そうとしなかったマムシの燻製だけが、テントの中にゴロンと横たわっていたのだった。

その燻製の異様なまでの雰囲気は、犯人をも圧倒するに充分な迫力があった。もしこのマムシがいなかったとすれば、僕たちはもっといろいろなものを盗まれていたのかもしれないのだ。カメラもサイフも。だが、S字型になった不気味なマムシの燻製は、まるでテントを守る守護神のようにそこに鎮座して僕たちの帰還を待っていたのだった。

鉱毒流れる死の川の上に
隠されていたイワナのパラダイス

秋田県玉川支流・大深沢
（昭和五十二年四月、六月）

長い間の風来坊からようやくまともな職業についた僕は、毎日ネクタイを締め、背広を着て出勤していた。しかし、その姿はいつまでたってもあかぬけしなかった。ふうてん生活が身についていた僕が背広を着ても、それはどこかおかしく、服は借り物のように見えたのである。それまで僕と行動をともにしていた釣り仲間たちは、僕の背広姿を見て「白石君でもそんなスーツ持ってんだ。でも似合わないな」と言っては、からかった。

それでも僕は慣れない勤め人生活を続けていた。そして、しだいに世間のしきたりというか、社会のシステムというものを、働く人の立場から理解しだしていた。人はそれぞれ自分の人生を血の出るような努力を重ねて作り上げていたことを、この歳になってようやく理解したのである。

しかし、一方では社会のシステムからくる重圧が僕の源流への釣行をしだいにむずかしいものにしていた。仕事に責任が加わってくるにつれて、長期の休暇を取ることがほとんど不可能になってきたからだ。ふうてんのころは休みたいときに休み、釣りに行きたいときに自由に行っていた。だが、もはやそうした時間的余裕は皆無に近かった。社会の一員になった以上、勝手に休むことはできなくなったからである。

だが、源流の大イワナに対する内面のささやき、燃えさかる炎のような激しい情念の嵐は、爆発の機会を狙って僕のなかではふつふつと煮え立っていた。危険な激情の奔流に惹かれるように、谿への憧れがどんどんふくらんでいくのだった。

僕は仕事を終えて帰宅すると、狭いアパートの一室で、毎晩、地図を広げて夢想の旅に出ることに熱中したのだった。地図は僕の創造力を駆り立て、限りない非現実の領域に運んでくれた。想像のイデアはたちまちわき起こり、テレビゲームに没頭する少年のように、僕はバーチャルリアリティの世界を自由に飛翔していくのである。

五万分ノ一地形図は僕の空想の入口だった。地図を広げると、長い水線が深く刻まれた等高線の間を縫って、ずっと奥まで続いているのが見えた。道路の記号である破線は記入されているが、その線は細く消え入るようにささやかだったりすると、たちまち僕の夢想は広がる。

僕はただ目を閉じて地図に示された水線を頭のなかに描くだけでよかった。すると心のスクリーンには豊かな渓流の流れが続き、底知れぬほど深い淵の濃い碧《あお》さのなかにイワナの影が走るのが見えた。無限の空の高みにまで昇りつめ、そこから鋭い猛禽《もうきん》のような目をしてイワナを見つめる僕の姿がそこにあった。それはなにか不気味な思い込みをした若者の異常な姿であったかもしれない。

空想の世界はかぎりなく広がり、そのなかの主人公である僕は、美しい谿の中できれいなイワナを何尾でも好きなだけ釣ることができたのだった。澄んだ空気と、清冽な水。木々の緑と残雪の白さが僕の夢見る目に眩しく映る。

だが、それからわずかで僕は現実に引きもどされる。ここは東京なのだ。そして僕は毎日仕事に行かなければならない。僕の冒険心を拘束するこの日常的な不条理。僕は釣りに行きたいという気持ちと、働かなければいけない、自分の責任を果たさなければいけないというふたつの相反する矛盾の海のなかで毎日もがき、長期休暇が一日も早くくることを願っていたのだった。

＊

僕はその当時、東北の北部、青森県から秋田、岩手県の渓流に目を向けていたが、そこにはまだ地図の上での空白地帯がたくさんあるように思えた。僕の想念はおもにこの三県に集中し、まさに箒《ほうき》に乗る魔女のように毎晩そこへ飛翔していった。僕は綿密にこの地域の地図を読み、イワナがいる可能性のある部分をひとつずつていねいに調べていった。

谿に行けない谿師にとってこうしたわずかな夢想の時間は、重要な情報収集と作戦計画立案の場となった。その結果、僕の頭のなかにはこの地域についての釣り場の概念が、ほぼ完璧とも思えるかたちで形成されていた。自分自身はこの地域へあまり行ったことがないにもかかわらず、ほとんどの川の様子が、まるでなじみの川であるかのように想像することができるようになっていたのだった。

僕は自分の限られた時間のなかから、それらの谿で行きたい場所のランクづけをした。数十にも及ぶ谿が選ばれ、そのどれもが僕には魅力的に思えた。しかし、有限な時間のなかでそのすべてを消化することは不可能である。優先順位をつけることによって、いくつかを選び出さなければならないのである。

そして、とりあえず僕はこの年、すなわち昭和五十二年の春の釣行予定地として、青森県の暗門《あんもん》川と滝ノ股川、それに八幡平の大深沢をあげた。暗門川は釣り場としてのおもしろさとともに、隣の赤石川への山越えルートとして偵察の意味もあるし、滝ノ股川については早稲田大学渓水クラブの会員から、この沢がかなりのものでイワナはそうとういるという情報を得ていたからだ。

しかし、最後の大深沢についてはほとんど情報もなく、未知数の谿だった。大深沢は玉川の源流にあたるが、この川は知られているように鉱毒が流れていて、魚は生息していない。あの田沢湖のクニマスを滅ぼしたのも、この悪名高き川の水を田沢湖に流し込んだからである。国道三四一号線沿いに玉川の上に行ったことのある人は知っていると思うが、気持ちがわるくなるような色の水が流れている。この川の最上流の大深沢にイワナがいると聞いてもだれも信じられない色の水なのだ。

だが、そのことが逆に僕にはひっかかったのである。地図を見れば大深沢のてっぺん付近に御生掛《ごしょがけ》温泉があり、そこから流れ出た温泉の豊富な水は支流の湯田又沢から大深沢に流れ込み、さらに玉川へと続いている。しかし、それが流れ込む出合より上流の大深沢本流の水はどうなっているのだろうか。ごく一部の人は知っていたかもしれないが、少なくとも僕の周囲にいる釣り人はだれもそれを知らないし、確認されてもいなかったのである。前回の成瀬川でも鉱毒があるといわれながら、やはりイワナはいたではないか。

大深沢にイワナはいないかもしれない。いや、いないことの確率のほうがはるかに高いだろう。あの玉川の毒々しいばかりの水の色を見れば、だれだってこの奥にイワナがいるなどとは思いはしない。そんなことを考えること自体が、間違っているのかもしれない。しかし、もしいたらどうだろうか。釣り人のハリの怖さも知らないイワナたちが乱舞しているのかもしれないのだ。

大深沢にイワナがいるのか、いないのか。それはひとつの謎である。だが、それは賭けてみるだけの価値がある謎ではないだろうか。そして、謎の解明への挑戦をうながしたものこそ、僕のなかで激しく燃えさかっていた混沌と灼熱の情念、すなわち源

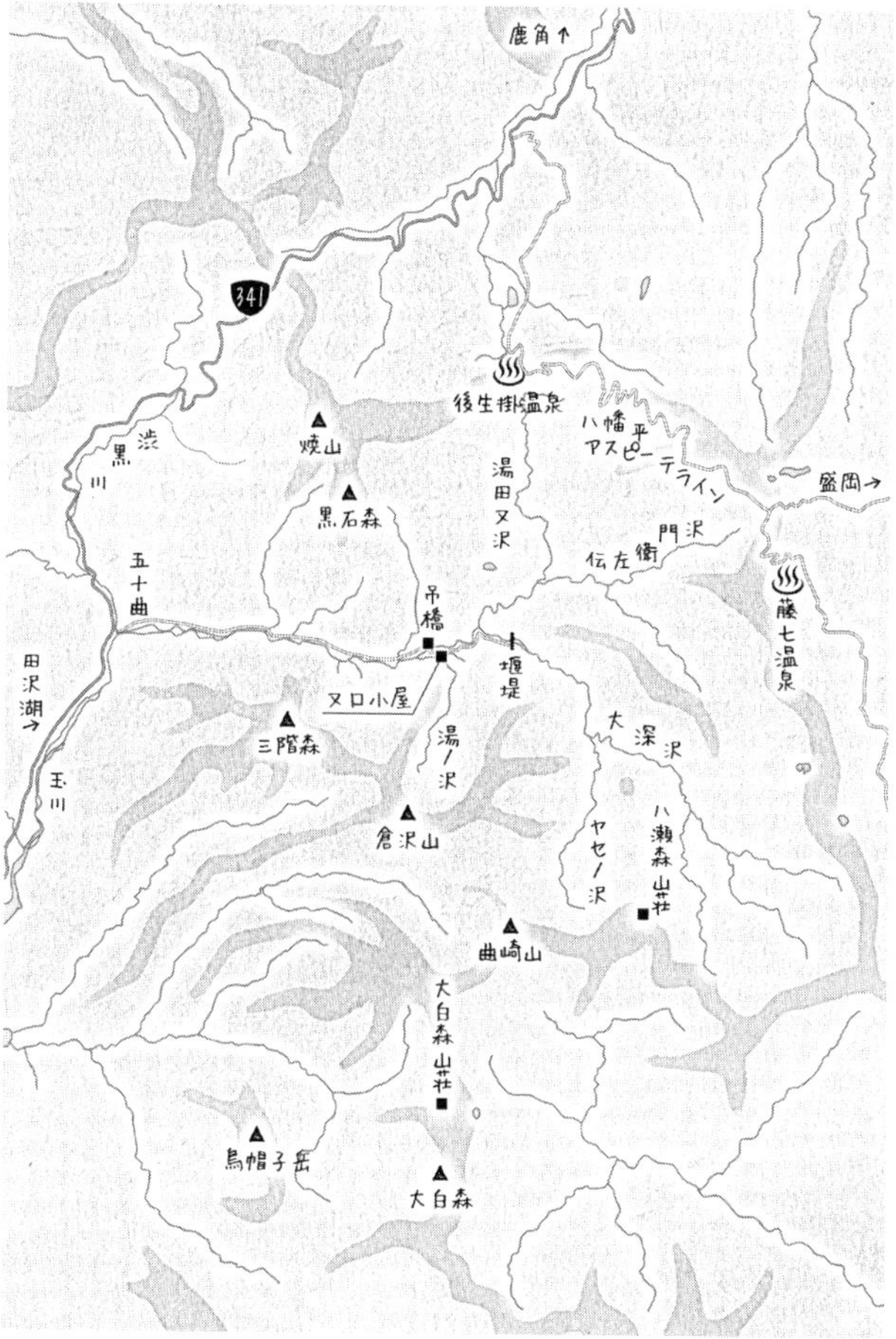

鹿角↑
341
後生掛温泉
八幡平アスピーテライン
盛岡→
焼山
渋黒川
黒石森
湯田又沢
伝左衛門沢
藤七温泉
五十曲
吊橋
堰堤
田沢湖→
又口小屋
三階森
湯ノ沢
大深沢
玉川
倉沢山
ヤセノ沢
八瀬森山荘
曲崎山
大白森山荘
烏帽子岳
大白森

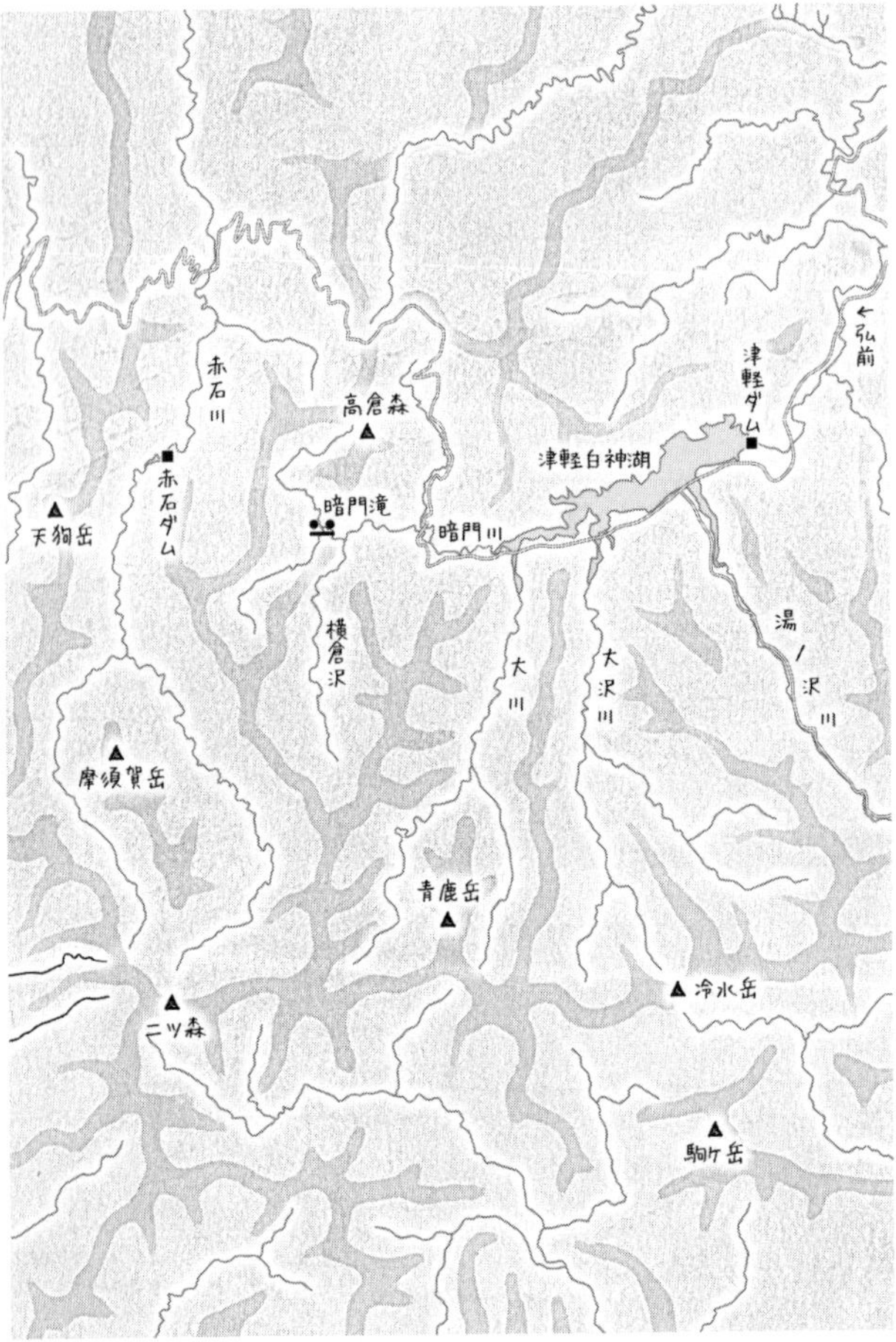

赤石川
高倉森
津軽ダム
←弘前
津軽白神湖
赤石ダム
天狗岳
暗門滝
暗門川
横倉沢
大川
大沢川
湯ノ沢川
摩須賀岳
青鹿岳
冷水岳
二ツ森
駒ケ岳

流のイワナへのあくことなき思い入れであった。それは不死鳥が赤く輝く劫火の中に飛び込んで、自らを灰燼《かいじん》と化しながら再び炎の中からさらに強烈な生命をもって生まれ変わるのに似ていた。そんな自らをも滅ぼしかねない危険な衝動に僕は揺り動かされていたのだった。

＊

昭和五十二年の四月二十八日、ついに待ち望んだ連休がやってきた。むろん、まだ車をもつような身分でなかった僕は、後輩の渡辺君と急行八甲田五二号という夜行列車に乗って、上野駅を後にしたのだった。

僕の頭のなかにはすっかり暗記してしまった東北北部の渓流のいくつかが浮かんでいたが、まだそのなかのどこに行くのかは決めかねていた。

僕が地図の上で夢想の鳩を飛ばし続けた夢の釣り場として、さしあたって例の暗門川と八甲田の滝ノ股川、それに八幡平の大深沢が目標ではあったけれど、最終的には盛岡で合流する山口君と相談して決める予定だった。

盛岡には地元に帰った山口君が、雪代や川の情報を集めてきているはずだ。彼の情報を聞いてからどこへ行くのか決めればいいことである。盛岡には午前三時半過ぎに到着した。そこで予定どおり迎えに出ていた山口君の車に乗ると、とりあえず北の方へ向かって車を走らせた。

僕たちは車内で手短に山口君から情報を聞き、まずは暗門川へ行ってみようということになった。この川は山口君も行ったことがなく、彼が調べたかぎりではなかなかいい釣りができそうだという。それに、この川は三カ所のなかではいちばん遠い。したがって東京からも盛岡からもいちばん行きにくい所である。こうした場所は連休のようなときしか行けないし、また、この川は、今年の後半に計画している赤石川への重要な山越えルートとして使えるかもしれないという別な目的もあったのだ。

暗門川の入口、目屋に着いたのは午前七時くらいだった。だが暗門川は、数日前から降った雨も重なって、雪代でものすごい濁流と化していた。逆巻く濁流はポイントを押し流し、僕たちは自然の猛威の前になすすべもなく立ち尽くすだけだった。

結局、赤石川への山越えルートの確認として暗門滝の上の方をちょっと偵察しただけで、八甲田の滝ノ股川へ移動せざるを得なかった。だが、支流の大川や大沢川での軽いウオーミングアップができ、そこで僕たちはいい釣果に恵まれた。尺イワナ数尾を含め、良型のヤマメなどが短い時間の間にけっこう釣れたのである。暗門川は水が安定すれば、きわめて有望な釣り場であることだけは確認できたのだった。

次に、僕たちはもうひとつの狙い場としてかねてより目をつけていた八甲田の滝ノ股川へ向かう。ここは早稲田大学渓水クラブの会員たちが、何度かアタックしていたが、失敗し、源流部についてはまだよく知られていない、いわば未開の谿だった。

しかし、十和田湖へ抜ける国道一〇二号線の橋の上から滝ノ股川を見ると、これまたものすごい雪代で、とても川沿いに遡行することなどできそうもなかった。地図によれば川から少し離れているが、開拓地への道路があるはずだ。その道を通れば、なんとか水の少ない中流地帯に出られるかもしれない。そしてその道は簡単に見つかった。しかし、僕たちの安易な思いつきはすぐに行きづまった。道路に落ちた雪崩のデブリが僕たちの通行を阻止して、先へ行くことができないのだ。

そのうえ、デブリを取り除こうとスコップを出してウロウロしているうちに、白いものがチラチラと降ってきたと思ったらすぐに猛吹雪になってきた。五月だというのに、辺りは白一色になってしまったのである。

かくして、滝ノ股川も敗退の憂き目をみることになる。こうなると、もう僕たちが行ける釣り場は大深沢しか残っていなかったのである。

＊

大深沢は八幡平・田沢湖の北にある玉川の源流で、国道三四一号線の五十曲の所から上流で大深沢と名前を変える。滝ノ股川から五十曲までは十和田湖経由なら、数時間の距離にあった。僕たちは半ば失意のなかにあって、仕方なく八幡平の峠を越えて五十曲へとやってきたのだった。

しかし、五十曲の所から川の中をのぞくと、水は恐ろしいくらいどぎつい色をしていた。いかにも毒が流れています、という感じで、この奥にはたして本当にイワナがいるのだろうかという疑問がわいてくる。この沢の最上流には後生掛温泉があり、そこから流れ出た温泉の水は大深沢全体を汚染しており、よもやこの沢の上にイワナがいるなどとは、考えられていなかった。

大深沢のイワナはそうした幸運な状況によって長い間守られていた。ある面からいえば、僕たちがその秘密を解き明かしたことは、新たな不幸の始まりだったのかもしれない。

五万分ノ一地形図を見ると、大深沢は五十曲から約五キロで二俣になる。左は伝左衛門沢といい、さらにその支流の湯田又沢の最上流に後生掛温泉があり、それは八幡平アスピーテラインの方から車で簡単に行ける。これからみて、鉱毒が流れるのは左の伝左衛門沢方向であって、もしかしたら右の本流はきれいな水があるかもしれないと僕は推測していたのだ。僕の読みは後になって正しいことが立証されたのだが、まだこの時点ではわからなかった。

しかし、ここまで来た以上、もう魚がいようがいまいが僕たちには行くしかなかった。選択肢は限られていて、あれこれいう自由はすでに僕たちには存在していなかったのである。

うまいことに大深沢には右岸沿いに杣道がついていた。川の水量は多いが、道を歩けば二俣までは簡単な山歩きで行ける。そのくらいの歩きなら、たとえ魚がいなくてもあきらめもつくだろう。そして、もし魚がいれば、それはまだだれもが知らない世界、すなわち僕が東京で毎日夢想していたあの非現実的なイワナの世界への初めての侵入となり得るのだ。

＊

五十曲からの道は地図で示されたとおり、平坦で歩きやすい。ところどころで出合う沢の小橋が落ちていて、ちょっと回り道をする以外、なんの障害もなかった。

かつて僕たちがめざした沢の多くは道などなかったし、少しの距離を進むだけでもたいへんな苦労が必要だった。だが、大深沢には道があり、上流への歩行は楽勝そのものだった。ゴルジュもなければ滝もない。崖を怖い思いをして通過する必要もなく、ただ足を前に前に運んでいくだけでいいのである。

一時間ちょっとで道は右岸から左岸に渡る。この部分はたぶん橋などなくて、渡渉だろうと予測していた僕たちは、古い針金で吊るされた吊橋が架かっているのを見て、ほっとした。この道の使われ方から見れば当然だろうが、橋さえあるようでは、遡行の困難さなどまるでないに等しいといえよう。

しかし、心配はなおついて回っていた。川の水の色がまだ不安な色であり続けたからだ。下流で見た空色の水ではなくなっていたが、妙に黄色っぽい色をした水が流れていた。橋を渡るとき、上から見るとどうも魚の生息には向きそうもない色をしている。これを見ていると、自分たちはとんでもない思い違いをしているのではないか、という不安が消しても消してもわき起こってくるのである。

橋を渡ってしばらく行くと、一軒の山小屋が現われてきた。この上流にある堰堤の管理小屋らしい。小屋には鍵がかかっていたが、少し前まで人が使っていたらしい跡が残っていた。それは古いけれど、今でも現役であるようだった。

僕たちは小屋の周囲を偵察して、この小屋の持ち主がすばらしい贈り物を置いておいてくれたことに気がついた。小屋の裏の方になんと露天風呂が掘ってあったのだ。地図を見ると左岸から湯沢という小沢が入ってくる。その沢の水を引き込んで適当に温度の調節ができるようになっているのだ。

この温泉は、何日も旅を続けてアカだらけになっている僕たちにはじつに魅力的だった。だが、小屋の周囲にはキャンプをするだけの適当な場所がない。地図から見てもキャンプ予定地の二俣は一キロも行かない距離だから、そこにテントを張り、夕方風呂に入ることもできるだろう。

そして、それからしばらくして僕たちは待望の二俣に着いた。左は伝左衛門沢、右は本流ですぐ上に大きな堰堤がある。水は？……。

はやる心を抑えて川をのぞくと、伝左衛門沢との合流点の所で、ふたつの水の色が混じり合っていた。左の伝左衛門沢からは茶色く濁った水が、そして右の本流からは、透きとおった水晶のような色をした水が流れ込んでいた。

僕が思ったとおり本流に鉱毒は流れていなかった。僕たちは宝物を見つけた子どものようにひどく興奮し、周囲を跳び回り、ありったけの声を出して歓声をあげていた。勝利はすでに僕たちの手の内にあった。水の感じから見てこの先がイワナの宝庫であり、それは僕たちだけに密かに開示された秘密の場所にちがいなかった。

もう僕たちは急ぐ必要などなにもなかった。澄んだ水を濁すふとどきな闖入者などいるわけもない。苦労して手にした桃源郷は僕たちだけのものなのだ。僕たちはその日、釣りをすることもなくのんびりとテントを張り、それからさっき見つけた露天風呂に入湯に行った。寒さでかじかんだ体を温泉でいやす気分は最高である。

かつて僕が源流へ行ったときの食事は、いつも飯とイワナの塩焼きだけという粗末なものですませていた。しかし、今回は、社会人になった余裕だろうか、それとも堕落したのだろうか、僕たちはえらく豪勢でおいしい夕食を、くつろいだ雰囲気のなかで作った。それから思い出の谿のあれこれを語り合い、夜半にシュラフの中に身を横たえたのだった。しかし、運命の女神は簡単には微笑みを与えてはくれなかった。不幸は喜びの近くにあるときに、いっそうその姿を鮮明にするものなのだ。

僕は夕食の一品として近くにあったフキノトウを使った味噌汁を作ったのだが、アク抜きが足りなかったのだろうか、夜半から激しい腹痛に襲われて、ひと晩じゅう七転八倒の苦しみを味わわなければならなくなったのである。異常なまでの腹痛に、大袈裟だが一瞬「自分はなにか得体の知れない毒を食べたのだ。このまま医者に診てもらうこともなく死ぬかもしれない」と思ったほどである。

しかも、五月の初旬の東北北部の渓流がいかに厳しいものであるのかということを、その日の夜、いやというほど経験させられた。その夜の冷え込みは半端ではなく、暗くなるとともに雨が雪に変わってきたのである。夏用のシュラフしか持っていない僕は、腹痛だけでなく、寒さでも苦しい一夜を過ごさざるを得なかったのである。

翌朝、周囲は雪でまっ白になり、辺りはまるで冬の景色に逆もどりしていた。だが、幸いなことに腹痛は朝になると治まってきた。生来の粗雑な体がフキノトウのアクを排したのかもしれなかった。とにかく、まだ腹は少し痛かったが、釣りには行けそうだった。

＊

伝左衛門沢の出合を過ぎると大深沢には大きな堰堤があり、釣り場はそこから上流である。堰堤は大半が埋まっていて、バックウオーターの付近は浅い砂場になっていた。しかし、それから上流に行くには、砂場の所で左岸から右岸に渡渉しなければならない。水深は股下くらいだが、雪代をたっぷり含んだ水流はひどく強い。

僕たちはウエーダーなんて重たいものは持ってきていなかった。渓流足袋にニッカーズボンという、当時の夏の遡行スタイルそのままである。ちょうど昔のバンカラ学生のように、妙な美意識をもっていて、「水が冷たいからといってウエーダーなんぞを履く連中は渓流の素人。おれたちはたとえ凍った水の中でも足袋で入るぞ」という、なんともおぞましい考え方に、まだ僕たちは染まっていたのである。

だが、そのおかげで渡渉するにはこのまま水の中に入らねばならないのだ。しかし、朝一番の渡渉はさすがに逡巡《しゅんじゅん》した。なにしろ周囲は昨日降った雪と、残雪とでまるっきり冬の感じなのだ。この寒さのなかを、着の身着のままで水に入るにはそうとうの覚悟が必要である。

僕たちはしばらく悩んだ末に思いきって水の中に入った。その瞬間、刺すように冷たい水がニッカーの厚いツイードの生地の間から浸透し、足の先といわず、太股といわず、僕の下半身全体を刺激した。あまりの冷たさから僕の頭はキーンと音をたて、足の先にはちぎれそうな痛みが走った。

だが、人間というものはなんと偉大な存在なのだろうか。どんな劣悪な環境でも慣れてしまう。神経が麻痺した僕の足は、しばらくすると感覚がなくなり、なにも感じられなくなってきていた。一度水に入って徹底的に冷やされた足は、ものの一五分もしないうちに、少々のことでは冷たいと感じなくなっていたのである。

しかし、それ以上に重要なのは、僕たちがとりあえず待望の釣りを開始したということである。釣り人ならどんなに不満な状態であっても、魚さえ釣れれば些細なことは忘れてしまうものなのだ。

右岸に渡って、砂場が切れる所で、最初に渡辺君が竿を出した。すると一発でアタリがきた。雪代の強い流れに乗ってそいつは暴れたけれど、しょせんはかなうわけがない。すぐに取り込まれる。続いて山口君にも、そして僕の竿にも連続してくる。

想像したとおり、ここで釣りをやったことのある人はほとんどいないのだろう。魚が全然すれていず、どこを流してもアタリがあるのである。

僕たちはずっと右岸側だけをへずって、上流へ釣り上がっていく。川はたいしてわるい所はないが、雪代の増水で対岸に渡渉することはできない。一方の岸だけを伝っていくので、ときどき、ちょっとした巻きになる。そのつどクマザサの上にのった雪につるつると足を滑らせながらも、僕たちは上に釣り上がっていく。むろん、その間、イワナは間断なく釣れてくる。

しかし、上流へ行くにつれて岸辺の残雪はしだいに多くなり、深い所では三メートル以上はありそうで、遡行はだんだん困難になってきた。といっても雪代の量が多く、対岸に渡ることはできない。僕たちは胸まで没する深い雪をかき分けながら、懸命に上流をめざした。

大深沢のイワナはせいぜい尺一寸止まりであまり大きいものはいない。腹の部分がやけに黄色味が強く、体側の着色斑点も橙色をしたニッコウイワナである。そして、不思議なことに上流に行くにしたがってどんどん型がわるくなってくる。左岸側にソヤノ沢という小さな沢を過ぎる辺りからこの傾向ははっきり出てきて、大きくても二五センチ止まり、それ以上の型は全然釣れなくなってきたのである。しかし、その分だけ数は多さを増して、ほとんど入れ食いである。

午後二時に対岸に八瀬沢が見えた。だが、ここでも水が多くて渡ることはできない。それを過ぎてしばらく行った所で、ついに僕たちは完全な「通らず」に出合った。水が少なければどうってことなく行けるだろうが、時間的にも巻きは面倒なので、第一回目の釣りはこの地点を最後に納竿としたのだった。

魚の存在も確認できたし、充分な釣果にも恵まれた。僕たちが釣った距離は大深沢のほんの入口にすぎないかもしれなかったが、所期の目的を果たした僕は大満足で引き返したのだった。

＊

だが、僕の釣りはたちまち仲間に知れることになってしまった。東京に帰って友人にほんのちょっと口を滑らしただけで、大深沢のことは、その当時僕が入っていた東京渓流釣人倶楽部の人たちに知れ渡ってしまったのである。

そして、それはただちに仲間たちの「一緒に連れてけ」という大合唱となっていった。釣り場を独り占めすることもできない僕は、その翌月、七人の仲間の半ば案内人みたいなかたちで、大深沢に再びやってきたのだった。

川は一カ月で見違えるほどおとなしく変貌していた。あれほど多かった雪代の奔流はすっかり姿を消し、どこにでもありそうな普通の渓流に変わっていた。しかし、変わらないのは、あの魚の濃さだった。二俣の所に同じようにテントを張り、上流を釣ってまわったが、前回と同じくどんどん釣れてきて、まだこのときはイワナの楽園の雰囲気を充分に残したすばらしい場所だった。

僕は二度目の釣行で、この前はまったく手つかずで様子のはっきりしなかった伝左衛門沢に入渓した。この沢は出合から濁った水が流れていたが、僕の予測ではたぶん、湯田又沢を過ぎれば水はきれいになり、イワナがいるはずだと考えていた。

しかし、湯田又沢出合までの伝左衛門沢は、岸辺の石は赤く焼け、川原から硫黄が吹き出る穴があったり、温泉が湧き出たりしていて、とても魚が棲める環境ではなかった。これはもしかしたらだめかもしれないという感じが濃厚になってきた。だが、それでも僕の予測はやはり正しかった。出合を過ぎると水の色が一変し、そこからただちにイワナが釣れ始めてきたのである。

伝左衛門沢は湯田又沢の出合から水の色を変えるだけでなく、渓相をも一変させた。大きな石がゴロゴロした落差のある急な渓流となり、どこまで行ってもイワナが生息していたのである。この沢は下流部より上流の方が水量が多いくらいで、渡渉もむずかしい。簡単に対岸に渡れないほど水量豊かな釣り場が続いていたのだ。

イワナはそれこそいたるところにいる感じで、前回と同じくすごい入れ食いが続く。しかし、ここでも上に行くほどイワナの型は小さくなる傾向が見られた。それは水量の関係かもしれなかった。

今回、僕たちは、前回引き返した八瀬沢とその出合から上の本流をふたつのパーティに分けてやったのだが、むろん、今回もたくさんのイワナが釣れていた。

僕を案内人に仕立ててやってきた仲間たちは、その釣果に大満足であった。しかし、僕はそのことに深く悩んだのだった。というのも、僕たちがやった行為は単純な渓流釣りだったかもしれないが、大深沢に棲むイワナたちから見れば、それは長い間人間たちから見逃されていた聖地の最初の侵略だったからだ。

僕たちの驚くべき釣果はクラブのなかでは噂となり、その後、何人もの人が入れ代わり立ち代わり大深沢を訪れることになるのである。

この沢がイワナの楽園たり得たのは、五十曲から見たあの川の水のわるさがあったからだ。それだけが唯一の防御の手段だった。しかし、それが偽りの顔、カモフラージュにすぎないことが知られてしまえば、すでに侵略者を防ぐ手だては残っていなかった。

ほかの未開の渓流ではたいてい存在した、長く苦しいアプローチと、けわしいゴルジュや滝で守られた強固な砦は、大深沢には皆無だった。よく整備された道の歩行二時間はだれにも容易にできることだった。そして噂を聞いた人たちがこの狭い谿に押しかけたのである。

それはまさに集中豪雨的な釣り人の襲来といってよかった。後から聞いたところによれば、源流の釣りなどとうの昔にあきらめてしまったかなりのお年寄りまで大深沢にやってきて、たくさんのイワナを釣って帰っていったという。

そして、そのことによって、あの最初に僕たちが見た、神秘で初々しさに満ちていた大深沢は、たちまち楽園でもなんでもないごく普通のイワナ釣り場に変わってしまったのだった。

その責任の一端はむろん僕にもある。大深沢に後からやってきた釣り人ひとりひとりには、罪はないかもしれない。だが、僕も含めて、ここにやってきた釣り人のすべての行為によって、大深沢はその姿を変えたのも事実である。そして、あのすばらしい天国のような世界は永遠に失われて、手の届かない所に行ってしまったのである。

このときのできごとは、その後の僕の源流での釣りに少なからぬ影響を与えた。大深沢の荒廃が、僕に「源流の釣りはどうあるべきか」という問いを投げかけたのである。太古以来棲み続けてきたイワナたちを絶やすことなく釣りを楽しむにはどうしたらよいのだろうか。むずかしい問題がいっぱい漂う矛盾の海に、いやおうなく僕は漕ぎだしていかなければならなくなったのである。だが、その海は暗く、果てのないもののように僕には見えていた。

大イワナの後に襲う鉄砲水。
運命の女神に翻弄された苦闘の谿

青森県白神山地赤石川
（昭和五十二年九月、五十三年六月）

かつて日本は豊かな森におおわれていた。人は森がもたらす恩恵を受けながら細々と生活していて、森を侵食するようなことはなかった。だが、文明の発達はそうした自然と人間とのいい関係を断ち切ってしまった。森は豊かな人間生活を生み出す資源として見られる反面、人間の経済活動を妨げるさまざまな障壁として、開墾《かいこん》の対象となっていったのである。森は収奪の対象となり下がり、一方では遠慮会釈なく森が切り刻まれていった。

人は最初、森のもつ再生産能力の範囲でその恩恵を受けていた。ところが人間の活動が盛んになるにつれて、拡大再生産的な経済活動から森を見ていく立場に変わっていくのである。森を収奪の場として見るとともに、人間の経済活動がすべての価値観の先頭に立つから、その森が資源としての意味がなければ、経済活動を妨げる障害物として無遠慮に改造され、見るも無残な姿で捨て去られたのである。

そして、気がついたときには、日本中にあった森はどこからも消え失せてしまった。人間の生活か森かという二者択一の判断では、躊躇することなく人間の生活が選ばれ、森は遠慮会釈なしに伐採されていった。そうしてこの「経済大国ニッポン」が成立してきたのである。

しかし、今、この日本にいったいどれだけの森が残っているのだろうか。ざっと見回しただけでも、誇れるような自然環境を保った森などほとんどない。僕たちは心のよりどころともなる森の大半を失ってしまったのである。東北でブナの原生林が残っているのは白神山地《しらかみ》くらいなのではないだろうか。ここは人間の開発活動の盲点として、あまり手がつけられないままに残ってしまった数少ない場所なのである。とりわけ青森県方向に流れる赤石川と追良瀬川の源流域は、世界的にも大きなブナの自生林なのだという。

しかし、その残されたわずかな自然をも収奪されようとしている。白神のブナ林の伐採や林道の工事が敢行され、多くの人びとからの猛反対に遭って工事が中止となったこと、そしてその後の林野庁・営林署の白神山地への立入禁止処置など、さまざまな経緯があったことは記憶に新しい。

＊

僕が白神山地に初めて入ったのはちょっと遅くて昭和五十二年の九月である。むろん、白神山地はかなり早い時期から釣り人の間では注目され、僕もそこが魚影の濃いイワナ釣り場であることは知ってはいた。しかし、このときの僕には、行きたいすぐれた釣り場がほかにもたくさんあり、白神以上の場所がいくつも控えていたからだ。また、僕の友人である栗田さんと水沢さんのふたりが、四十六年から四十七年にかけて、秋田県の真瀬川から三回の山越えのアタックの末、追良瀬川の源流部の入渓に成功し、そのときの結果を聞いていたことも影響されていた。

昭和四十六年の夏、彼らは長い下流部からの遡行を避け、一気に源流部に入るルートとして真瀬川の三ノ又沢をつめ、稜線を越えて追良瀬川をめざした。しかし、源頭はものすごいヤブの続く平坦地で方向感覚を失い、二度アタックしながら、二度とも再び真瀬川の方に下りるという失敗を繰り返してしまったのである。

前がまったく見えない猛烈なヤブのなかを正確に進むにはどうしたらいいのだろうか。彼らはいくつかのプランのなかから、最新の航空写真を入手するという、当時としては画期的な方法を思いついた。なにしろ、まだこの付近の地形図は細かい点で信頼性に欠けるところがあり、それを補うには正確な現場の状況を示している航空写真がいちばんいいからだ。

かくして、第三回目のアタックは翌年の夏に決行された。そして、彼らは航空写真から割り出したルートに沿って、ついに追良瀬川の源流に達したのだった。

しかし、僕が聞いたのはそこが想像した以上のイワナの聖域ではなかったということだ。イワナはそれこそ無数にいたけれど、尺を超えるような大型はまれだったということが、当時の僕の興味をそいだのだった。あのころの僕は、とにかく四〇センチ

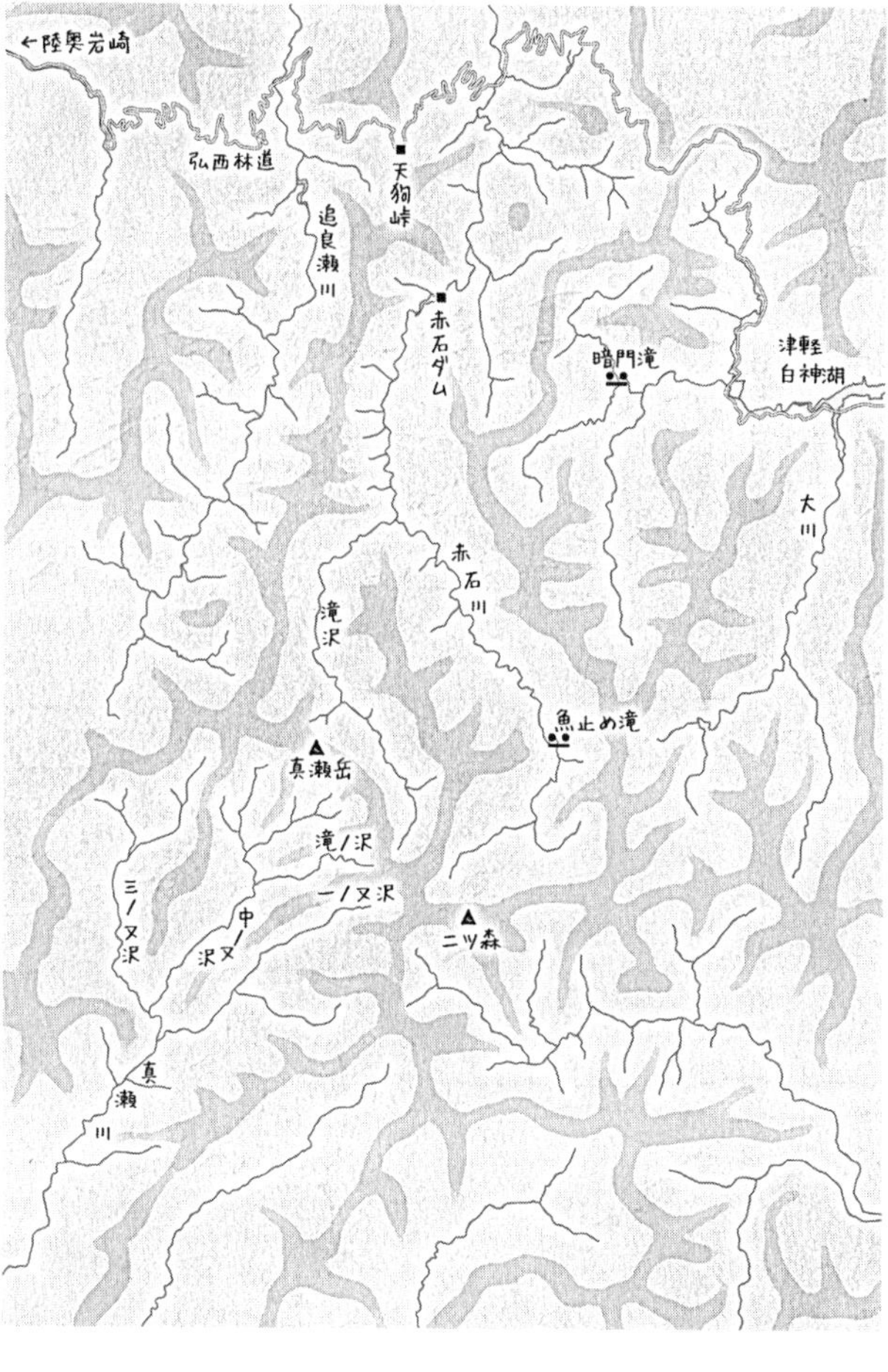
←陸奥岩崎
弘西林道
天狗峠
追良瀬川
赤石ダム
暗門滝
津軽白神湖
大川
赤石川
滝沢
魚止め滝
真瀬岳
滝ノ沢
一ノ又沢
三ノ又沢
中ノ又沢
二ツ森
真瀬川

を超えるような大型を釣ることしか興味がなかったのである。

白神山地が僕の目標から消え、それから長い間そこを意識することはなかった。しかし、昭和五十一年に弘前の釣り具屋に寄ったとき、店に飾られた五〇センチを超える大イワナの魚拓に「赤石川」と書かれていたのを見て、赤石川にはどうやら大型のイワナがいるらしいことに気づいたのだった。

＊

当時、すでにほかの地域ではほとんどの谿が開拓しつくされていて、新しい魅力に満ちた場所を見つけだすことはむずかしくなっていたから、この有望な情報に僕はおおいに気持ちを動かされたのである。前回書いたように翌年の春、大深沢への途中に暗門川から赤石のルートを見たのも、こうした偵察活動の一環だったのだ。

そして、五十二年九月も終わりに近いころ、僕と関口、山口君の三人はいよいよ赤石川源流への最初のアタックを開始する。赤石川に入るには三つのコースが可能である。ひとつは下流から忠実に川を遡行していくオーソドックスなルート、もうひとつは秋田県の粕毛川から山越えで最源流に入るルート、そして最後が、春に確認しておいた暗門川の大滝を越えて、二俣の左の沢をつめてから山越えする方法である。このなかでは下流から入るのがいちばん確実性があると思われたが、僕たちは第三のルートを選んだ。じつは同じ時期に、第一のコースには知り合いの某大学の釣り部の学生諸君が入渓するということを聞き、僕たちは偵察ずみの暗門川からのコースのほうにしたのである。

僕の読みによれば、暗門滝の巻きは遊歩道から簡単に越せるし、その上の沢の登りもたいしたことはなさそうに思えた。また、この沢の西側の尾根はかなり低く、尾根の乗っ越しはわずかな労力ですむはずだった。尾根の向こう側には小さな沢があり、それづたいに下れば赤石川のかなり上流部に下りられるはずである。労力的には下流ルートより簡単そうに思えたのだった。

しかし、実際は地図と違って、この付近の地形は真瀬川の源頭と同じく平坦で、なかなか特徴がつかみにくい。下手をすると栗田さんと同じ間違いを犯すおそれがあるから、地形の読み違いについてはとくに注意が必要であった。

僕たちは暗門滝を楽勝のペースで越えると、左の沢に入る。ここをしばらく進んだところで右からの小さな沢をつめなければならないのだが、地形の特徴がつかみにくいので、高度計と地図を頼りに進んでいく。すると地図どおりに小さな窪み状の枝沢が右から入ってくるのが見えた。そこを登ると、赤石川とを分ける尾根には簡単にたどり着くことができたのだった。

意外にも反対側は急峻な地形になっていて、小さな湿地帯を過ぎると滝の連続する沢となった。だが、滝の部分には必ず踏み跡があり、僕たちのルートが正しいコースのなかに入っていることを示していた。

沢の下りは一時間もしないで終わった。僕と関口、山口君の三人は、赤石川の滝沢合流点より二キロほど上流にあっけなく下り立つことができたのだった。そこには下流コースから入渓した某大学釣りクラブのA君たちの足跡が残っていて、すでに彼らが先行していることがわかった。

最初、僕たちの計画とA君たちのものは別々に練られたものだったが、たまたま同じ時期に赤石川へ行くということで、それでは僕たちが上流から、A君たちが下流部から遡行して、滝沢出合の所で合流しようという打ち合せができていたのである。おたがいが別々なルートから入渓すれば、後々、どのルートがいちばんいいか判断しやすいと僕たちは考えたのだった。しかし、このことが後で禍根を残すことにもなるのである……。

夕方、僕たちは釣り下りながら滝沢の合流点まで行き、すでに前から入っていたA君たちと合流した。学生諸君は全員で四人で、彼らのテントのわきに僕たちのドーム型テントを張ると、さながらちょっとしたテント村という感じになった。

盛大な焚き火がおこされ、ふたつのパーティの間で合コンが行なわれたが、左党の山口君が重い思いをして持ってきた大事なリザーブは、うわばみみたいな学生諸君に見つけられてたちまち飲み干されてしまった。酒の飲めない僕も酔っ払いの歌を聞きながら、その夜はとにかく楽しく過ごしたのだった。

だが、その楽しさは翌朝までは続かなかった。僕たち七人の大所帯は、沢割りでもめたのである。七人もの人間がいるのだから適当に分散するしかないのだが、本流の下の方はすでにA君たちが釣ってしまっていた。残った釣り場は本流の魚止め（魚止めとは名ばかりで、じつは滝の上にもイワナはいる）の付近か、滝沢しかないのだ。むろん、滝沢に全員が入ることは沢の規模からいってもむずかしいから、何人かは分かれて本流に行く必要があった。

そこで、ここは僕たちが彼らの先輩でもあり、昨晩は貴重なリザーブを飲み干した負い目もあるのだからと、学生諸君に本流を、僕たちには滝沢へ入れてくれるように頼み込んだのである。彼らは充分若く、体力もあり、魚止めまでの歩行などなんでもないだろう。かつまた彼らは僕たちより一日早く来て、本流のいちばんいい場所をすでに釣っているのだから、当然、滝沢には僕たち後発社会人組が入れるものと思っていたのだ。

ところが、現実はそんなにあまくはなかった。リーダーのA君が「エーッ、本流の上ですか。あそこまで行くには一時間以上歩かなければならないんすよーっ」と言いだしたのだ。

こうした話の展開は夢にも考えていなかった僕たちは、突然の彼らの自己主張にひどく当惑したのだった。この場合、彼らが本流の上をやりたくないということは、僕たちのほうがそこへ行けということを意味していたからだ。

僕はA君の言葉に一瞬ムッとなって「ということは、おれたちに一時間以上歩いて上を釣れということか」と言った。こいつはなに考えてんだ。自分のことしか頭にない勝手なやつだ、と思ったが、そういえば彼の性格には思い当たる節があった。昨日、テント場までもどったとき、A君が本流の納竿地点に時計を忘れてきたことに気づいたのだが、なんと、後輩の学生に「おい、O、おまえ、もどっておれの時計拾ってこい」と命令したのである。

僕は某大釣り部の先輩・後輩関係がどのようなものか知らないが、納竿地点までは一時間以上の距離があり、しかもすでに夕闇が迫っている時間である。自分の不注意で忘れた時計を、いくら後輩だからといって、取りにいかせることは理解できなかった。当然ながら後輩のO君は初めは拒んでいた。しかし、最終的には命令に逆らえずに、往復三時間かけてA君の時計を拾ってきたのである。

これは手ごわい連中を相手にしなければならないぞと、僕は思い始めていた。どうもやつらには常識が通用しそうもないのだ。ところが、話は僕の思いもかけない方向へと進んでいったのである。彼らは僕たちと話し合いをしているにもかかわらず、突然それを打ち切ると、もはや先輩も後輩もない、早い者が勝ちだとばかり、有無を言わさずどんどん滝沢の方に向かって歩きだしてしまったのだ。

考えてみれば釣りは一種の下剋上の世界である。先輩も後輩もないのかもしれない。後れを取ったものがわるいのだ。仕方がないから、僕たちも連中にしたがってあわてて滝沢に入っていく準備をした。

僕は出発時に「ツアラトゥストラかく語りき。この勝手な学生釣り師に天誅《てんちゅう》を！」と、わけのわからない言葉を発すると、鼻息も荒く学生連中の後を追った。

こうなるともう戦争である。やつらにだけいい思いをさせることはない。意地でも本流へは行かないで、一緒に滝沢を釣ってやるぞ、とばかり僕たちも急いで歩きだした。というか走りだしたといったほうが正確かもしれない。だが、狭い沢を七人もの人間が釣るというのは本当にたいへんなことである。先頭の人から最後の人までの距離は一〇〇メートルはあり、一度竿を出していると次から次へと人が追い越していく。

そして、次に彼らの先頭に出るにはほとんど走っているような感じでないと追い着かないのである。

しかし、それにしてもこれはなんだろうか。本来、釣りというものは楽しいはずなのに、僕は情けない気持ちになって学生連中の後を夢中で追いかける。その姿を今思い出すと、おそらく僕の顔は醜くひきつり、心はぎすぎすしたガラスのようだったのだろう。

僕たちはおたがいが釣り場をつぶし合いながら、上流に行くという愚かな行為を開始したのである。まさに生き馬の目を抜く現代社会の競争原理、他人との醜い争いが、日本に残された最後の自然環境を舞台に繰り広げられていったのだ。

元来が人と競う釣りは好きでない僕も、ここでは背に腹は代えられない。人の心を貧しくさせるのは、人の生活を羨《ねた》み、人と比較し競うことしか眼中にない生活態度だ。人がどんなであろうと、自分は自分と思っていれば心はいつも安定している。そのようにあれ、と僕は常々自分に言い含めてきた。しかし、いざこういう場面に直面すると、自分のいたらなさがたちまち馬脚を現わしてくるのである。

負けるもんかと、僕はわれを忘れて前に飛び出していったのである。

*

だが、事態はさらに驚くべき結果へと展開していったのである。なんとこの忙しい釣りにおいて僕とA君がそれぞれ四〇センチ以上の大イワナを釣ってしまったのだ。

僕が釣ったのはどうってことのない瀬であった。すでにそこは何人かが先行して餌を流した場所であった。僕は後から行ったので、きっと小物しか残っていないだろうと思っていた。期待などなにもなかったのだが、意外にもここで強烈なアタリが出たのだ。

そいつは激しく暴れたが、慎重に対処した結果、糸を切られることもなく僕のワンタッチタマアミの中に収めることができた。ハリに掛かったときはそれほど大きいとは思わなかった。しかし、タマアミに入った魚を改めて見るとそうとうな代物である。

当時僕が使っていた竿は、世界で最初に作られた高純度カーボンの渓流竿・匠であった。この竿の仕舞い寸法はちょうど四〇センチである。それにイワナを当ててみるとわずかに頭が飛び出るから、四〇センチを超えていることは間違いなかった。「ざまー見ろ。これで不届き学生どもに天誅が下ったぞ」と僕はほくそ笑んだのだった。と、そこへA君がすっ飛んできた。ちょうどいいところへ来た。これほどの舞台効果がそろったときはない。やつをへこますには絶好のタイミングであった。僕は彼に自分のイワナを見せて、自慢しようと思ったのである。ところが、思惑は僕が思いもしなかった方向へ進んでいったのである。彼の手にも僕と同じくらい大きいイワナがぶら下げられていたのだ。そのイワナを見て僕は一瞬たじろいだ。

「白石さん、やりましたよ。四〇センチは確実に超えてる」と、A君は興奮しながら言って、僕の方にその大イワナを見せるではないか。彼は皆と別れて左岸側にある小さな沢に入って、それを釣ったのだという。僕は自分がやろうと思っていたことをA君に先にやられて、すっかり混乱していた。ひどいショックを受けたといっていいだろう。

「クソッ、おれよりでかいの釣ったのか」と思ったが、外面は平静を装って「そうか、でも僕のほうもそこで四〇センチオーバーが出たよ」と言いながら、自分の魚を見せた。

A君は「オオーッ、すげえ。二本もいたんだ」と言いながら、あわてて僕のイワナと自分の大物のサイズを比べている。A君が魚を比べている間「神様、絶対に負けませんように」と、僕は子どもみたいな気持ちになって、心のなかで祈っていた。

いつも座右の銘にしていた「他人と競わない、人を羨まない」という気持ちは、この際しばらく引っ込んでもらっていたことは当然である。とにかくやつには負けたくないという気持ちだけが先行していたのだった。だが、ここで幸運の女神はついに僕のほうに微笑みを送ってくれたのだ。メジャーを当てると僕のイワナは四二センチ、A君のはちょうど四〇センチで、僕のほうが二センチ大きかったのである。

「ヤッターッ」と思ったのは言うまでもない。ところがここでまた理解しがたい事態が発生した。A君が二センチ差で負けたにもかかわらず、なんとまるで自分のことのようにそれを喜んでくれたのである。むろん、彼が四〇センチを釣らなければ話は違ったかもしれないが、自分が釣ったかのようにニコニコしている。どうもよくわからない。僕はA君を誤解していたのかもしれない。彼は野性児であって、僕が思ったような自分勝手な人間ではなく、普通の人とはちょっと違った行動原理をもっているのかもしれないのだ。

しかし、こうなると釣り師というのは単純なもので、今までのA君たちへのわだかまりがたちまち消えてしまった。それどころか、自分は彼らをたいへんな色眼鏡で見ていたのではないか、A君に対して過敏になりすぎていたのではないか、という反省の念さえ生まれてきたのである。すると、それまで彼らの一挙手一投足、すべてが気に入らなかったのが、全然気にならなくなってくるから不思議である。

むろん、その夜のキャンプファイヤーではすでに誤解も解け、彼らとの間に新たな友情が芽生えてきたのだった。

そんなわけで、第一回目の赤石川アタックは、いちばんカッカしていた僕に幸運の女神が微笑みを送ってくれたのである。そして、僕が四二センチ、A君が四〇センチの大イワナを釣ったということで、赤石川の釣行は前回の大深沢と同様に僕の仲間に知れ渡ってしまった。目立たないように、静かにしていた僕たちの行動はかくして明るい光の下に引きずり出され、多くの釣り人が赤石川の存在を知ることとなってしまったのである。

＊

そして、翌年の六月、例の大深沢に続いて、僕は東京渓流釣人倶楽部の仲間五人で、再び赤石川をめざしたのである。大深沢と同じように大きなイワナが釣れる場所を、僕がリーダーとなって、クラブの人を引き連れていく釣行計画が練られたからだ。

昭和五十三年六月十四日、夜七時過ぎ、僕たちは上野駅から急行津軽一号で陸奥岩崎に向けて出発した。岩崎着は翌朝の午前九時。ここで、あらかじめ頼んでおいたトラックの荷台に紛争国の難民みたいになって乗り、弘西林道を赤石川のクシイシ沢の所まで運んでもらう。

今回の釣行が今までと決定的に違うのは、行きは夜行列車だが、帰りは飛行機を利用する点だ。時間のやりくりのむずかしい社会人でも、飛行機を使えば短い日程の間、めいっぱい釣ることができるからだ。

かくして、僕たちはトラックの運転手に三日後の正午に同じ場所に迎えにきてくれるよう頼んで、荒れた林道を上流に歩いていく。赤石ダムまでは二時間の歩行、そこから上は完全な川通しの遡行となった。北国だから六月といってもまだ雪代があるかもしれない、とおそれていたのだが、水は思ったより少なく、僕たちは快調に遡行していく。天気も申し分なく、絶好の釣り日和であった。

車を降りてからわずか四時間ほどで、滝沢との合流点に到着。素早くテントを張ると、僕たちはふた手に分かれて釣り上がっていった。僕は本流を攻めるが、型はイマイチで、尺に若干きれる程度のものがそこそこ釣れる。

夕方、滝沢組ももどってくるが、こちらは尺物が何本か釣れていた。こんなすばらしい環境のなかで明日もイワナ釣りができることに、全員が感謝していた。神はわれわれと共にあり、運命の金糸をつむぐ光栄を味わうことができるのである。僕は赤くめらめらと燃える焚き火の炎のなかに、永遠の彼方からやってくる喜びに満ちた世界を感じとっていた。

焚き火を囲みながら全員が今日の成果に満たされて、のんびりと幸せな時間を過ごしていた。ある人はボーッとしながら、明日、大イワナと邂逅できることを夢見てもいた。途中で少し雨が降ってはきたが、それでも全員の熱く燃えたった心の火を消すほどのものではなかった。すべてが満ち足りたすばらしい時間が経過していったのである。前回と同じく僕の周囲には幸運の女神がついていると思えてならなかったのだ。だが、それはたいへんな女神ではあったのだが……。

＊

翌朝も雨は続いていた。しかし、まだ僕たちは幸せな雰囲気のなかにいた。昨日の好漁にみな気をよくしていたから、わずかに周囲の様子が変わってきたことにだれも気づいていなかったのである。

朝食の後、関口、関根さんのふたりが本流、上野、木村さんが滝沢に入る。僕はテントキーパーとしてここに残り、時間があれば合流点より下流を釣るという沢割りになった。

釣り場が目の前の僕は、あわてることもなくのんびりと支度をして、八時過ぎにテントを出ると下流のポイントに向かった。雨は相変わらず降り続き、心持ち強くなったようだった。だが、すぐに三七センチくらいの大物を釣ったせいか、そんなことは気にもかけず、僕は下流に釣り下っていく。

ところが、対岸への渡渉をするときになって、昨日遡行してきたときより少しやりにくなっていることに気がついた。増水が始まっていたのだ。水はまだ濁りもなく、若干増えた程度だが、それはしだいに増えていくようだった。激しさを増す雨に不安を感じた僕は急いでテントにもどった。

上流に行った仲間たちはもちろんまだ帰ってはいなかった。彼らはいずれも経験の深い連中だから、鉄砲水の兆候である、木の葉が大量に流れるようになればすぐに退却してくるだろう。しかし、本流組はテントから一時間は歩いて釣りを開始すると言っていた。もどる判断は適切でも、増水の勢いのほうが速ければ、途中での渡渉がきつくなり、退路を絶たれてしまうかもしれないのだ。そうなったら、自分ひとりでどうしたらいいのだろうか。

僕は不安な様子でテントの付近をウロウロしていると、なんと本流組がもどってきた。雨が激しくなり、増水の予感がしたので、引き返してきたというのだ。やれやれ、最悪の事態は回避できた。そして、それから少しして滝沢組ももどってきた。

これでひとまずは安心である。しかし、ふた組がもどってきて三〇分もしないうちに、水はチョコレート色になり、水位は一メートルは上がってきていた。昨日まであれほど平穏だった川は完全な鉄砲水となって、ものすごい濁流が暴れ狂う世界に豹《ひょう》変《へん》していたのである。

あと三〇分も判断が遅れたら本流組はテントまでもどれなかったろう。ついているといえばそのとおりだが、じつは僕たちのいる場所さえも危なくなっていたのである。少し高い所にテントを張ったにもかかわらず、すでに足元まで水が迫っていたからだ。

僕たちはものすごい速さで撤収作業を開始した。三〇分後に全員の準備が完了したので、下流のダムに向かって退却を始める。だが、行きは川を適当に渡渉しながら遡行したので楽に来れたのが、帰りは渡渉は不可能で、片岸をへずりながら下らなければならない。しかも、川の水は恐ろしいくらい増えているから、ちょっとした場所でも高巻きを要求され、ひどくやっかいなのだ。

僕たちのパーティのなかには五〇代の半ばを過ぎた人もいる。彼らの足がもつれ、歩行のペースが落ちてくるのを見て、ある大きな巻きの途中で、僕は皆の荷物で不要なものを減らすように命令した。ゴミを出すようで気がひけたが、命には代えられない。少しでも荷物を軽くして、行動しやすいようにするしかないのだ。そして、僕たちのパーティは弱い人をサポートしながら、すばらしいチームワークをもってこの難場を乗り切ったのだった。

僕たちは六時間近くかかって、どうにか赤石ダムのバックウオーターのところにたどり着いたのである。だが、ここから先が問題だった。無事に帰るには対岸へ渡るしかない。しかし、激しい増水はどう見ても渡れる状況ではなかったのだ。ついに僕たちは退路を絶たれてしまったのである。

だが、幸いなことに一時的に雨も小降りになってきたので、とりあえず林のなかを切り開いてテントを張り、その夜はフォーカストビバークを行なう。しかし、夜半もときおりすごい雨が降り、不安はひと晩じゅう続いた。

＊

昨夜は増水が心配で、たびたび起きては川を見に行き、僕はほとんど眠ることができなかった。というのも、陸奥岩崎で頼んだトラックは今日の昼には、クシイシ沢の所に僕たちを迎えにくる手はずになっている。そこへ行くにはまずダムのバックウオーターを渡渉し、さらにダム下でもう一度右岸に渡渉しなければならない。それができなければ、運転手は僕たちが遭難したと思ってたいへんな騒ぎになりかねないのである。

クシイシ沢までは普通に歩いても二時間以上は楽にかかる距離である。待ち合わせの時間に間に合わせるには朝の早くに出発する必要があった。

午前三時三〇分、辺りはまだまっ暗だったが、僕たちは土砂降りのなかでパッキングを開始した。そのうちに明るくなって川が見えてきた。濁りはかなりとれている。

昨日より多少は水は減っているようだ。下流はダムだから流れも少し緩くはなっている。もし流されてもザイルをつけていれば、引きもどすことはできるだろう。

とにかく、どんなことがあってもここを渡らなければ帰ることはできないのである。そこで、僕がザイルをつけて試しに渡ってみることにした。すると、意外にも少し流されただけで渡ることができたのである。こうなればもう安心だ。足の弱い人は流れに負けて押し流されたが、強引にザイルで引き寄せ、なんとか全員が渡渉することができた。僕はこれで今回の最大の難関は突破することができたと思っていたのである。だが、ダムサイトまで行ったとき、またまた僕たちは新たな困難にぶつかってしまった。ダムからの激しい放水によって下流へ行くことができそうもないのである。しかし、もし下流に行けないとすればトラックとも巡り合うこともできず、遭難騒ぎのおそれはまた起こるかもしれない。

僕たちはこの困難な状況をどうしたら脱出できるか考えてみた。方法はひとつしかなかった。ダムの所から追良瀬川との境をなす尾根まで直登して、そこから弘西林道の天狗峠へ出て、そこでトラックが来るのを先回りして待つ方法である。

トラックが来るのは昼である。峠までの歩行は僕たちのパーティの実力からみて二、三時間は必要だろう。今、九時を少し回ったところだから、ぐずぐずしてはいられない。僕たちは休憩もそこそこにただちに尾根への登りに取りかかった。しかし、道はしっかりしていたが、最初の部分がそうとうの急坂で、パーティの大半が途中でへばってしまったのである。

昨日からの強行軍でみな疲れているのだ。だが、休んでいてはトラックに間に合わないということで、山に強い関根さんの荷物を軽くして、彼に先に行ってもらうことにした。身軽になった彼は、走るような速足で杣道を登っていった。もうこれで安心である。彼の足なら充分間に合うだろう。僕たち後発組はそれまでの急ぎ足をやめて、へばった人をサポートしながら休み休み歩き、一時半ごろに天狗峠に着いたのだった。

だが、そこにはつかまえているはずのトラックはいなかった。ただ、関根さんだけが呆然として突っ立っていた。

「トラック、来たんだけど、ボクが手を振ったのに気づかず走ってっちゃったんだ」と言う。なんとしたことか、運転手は天狗峠に僕たちがいるとは思わないから、脇目もふらずにクシイシ沢まで行ってしまったのである。ここからクシイシ沢まではとても歩いていける距離ではない。

トラックがなければ僕たちは帰れないのだ。そして、予約してあった夕方の飛行機にも乗れないことになる。ということは、その日のうちに東京には着かないことになり、サラリーマンの僕たちは全員が翌日無断欠勤ということになるのである。

僕は目の前がまっ暗になってしまった。とうとうたいへんなことが現実となってしまったのである。

だが、幸運の女神は最後のところでわずかな希望をつなげてくれた。ありがたいことには、そこへ岩崎の方から車が一台やってきたのである。これはすばらしいチャンスだった。この車を逃がしたら、もう僕たちは帰れないと思うから、全員が道幅いっぱいに立って、車を止めたのである。ドライバーは雨でドロドロになった僕たちが、道路を通せんぼをしているのを見て恐ろしくなったのかもしれない。事情を話し、なんとかクシイシ沢まで連絡要員をひとり乗せてもらえないかと頼み込むと、彼はなにもいわずにクシイシ沢まで送ってくれたのである。

そして、そこで首を長くして待っていた運転手とトラックをようやく天狗峠まで連れもどすことには成功したのである。

*

しかし、僕たちの不運はまだまだこんなものでは終わらなかった。

五能線の陸奥岩崎から秋田へ行く列車は二時ごろだった。トラックが順調に走れば、それには充分間に合う時間だった。ところが、岩崎の町が見えてきたところで、突然トラックが止まってしまったのだ。「故障か」と荷台からのぞくと、なんと道路が崖崩れをしている。道は一本だけで、迂回することはできない。

またしても絶体絶命になってしまったのである。だが、このとき、崖崩れの向こう側に一台のトラックがやってくるのが見えた。一分一秒を争う僕は荷台から飛び下りると、崩れた向こう側に行き、運転手に僕たちの事情を話して岩崎の駅まで乗せてもらいたい旨を頼み込んだ。

すると、彼はいやな顔ひとつしないで、僕たちを駅まで乗せてくれたのである。「どうせ道が崩れたんじゃ先に行けないからもどるしかない」と言って、礼も受け取らずに送ってくれたのは、とてもありがたかった。東北人特有の素朴な親切さは、まさに地獄で仏に出会ったような心境であった。

しかし、ぐずぐずしてはいられない。僕たちは急いで駅舎の中に駆け込んだのである。そして、そこで次の困難に直面した。駅の中は妙にガラーンとしている。駅員は列車の発着時間が迫っているというのに、奥にいて出てこないのだ。僕たちは大声をあげて切符を買おうとして、不運なドラマが新たなストーリーを展開していることを知らされたのだった。五能線は今回の雨でずたずたに切断されていて、不通だというのだ。

「ガーン」という衝撃が僕を襲った。またか、という気持ちだった。これで飛行機の時間に間に合わないことは間違いなかった。駅員の説明では復旧の見通しは立っていないから、列車はいつくるかわからないという。ということは下手をするとここにずっと缶詰になる可能性さえあるのだ。

僕たちはここでまた短く、かつ緊急の会議を開き、最後の脱出方法を協議、決定した。それは飛行機が欠航でなければ、秋田空港までタクシーで行くという方法である。タクシーで行くには距離がありすぎるが、ここに缶詰になるよりはずっとましである。僕たちはただちに秋田空港へ電話を入れる。全日空のカウンターの人は「午前中の便は飛んだので午後便もたぶん大丈夫だろう」という返事をくれた。

そこで僕たちは岩崎にあった二台のタクシーに分乗して秋田空港まで、二時間かけて行ったのである。車の中では、それまでの疲れが一気に出たのか、僕はすっかり眠ってしまった。その間、長い夢を見ていた。それは暖かくふわふわした布団に寝ている自分が、布団ごと鉄砲水に流されていくというなんともおぞましい夢だったことを今でも覚えている。

眠りから覚めると、すでに空港に到着していた。しかし、空港のロビーを入ってすぐに僕の目に飛び込んできたのは「東京行は天候不良のため欠航」という文字だった。その瞬間、頭のなかを白い稲妻が走り、立っていられないような眩暈《めまい》を感じた。全身の力が抜けて、へなへなとなっていくようだった。そしてしばらくすると、今度は心の底から憤怒の念がわき起こってきた。

僕は大声で「バカヤロー」と叫びたい衝動を抑えるのに必死だったのだ。

昭和五十年代、
僕の釣りを方向づけた
新しい日高渓流群の登場

北海道日高山脈新冠川
（昭和五十二年八月）

これまで僕はどのくらいの数の谿に行っただろうか。正確な数はむろん覚えていない。九州から北海道まで、渓流魚が生息しているといわれる県のすべてでいちおう竿を出しているから、全体の数からいえばそうとうであろう。おそらく全部合わせれば二〇〇河川くらいは行っているのではないだろうか。

渓流釣りを始めたのは今から三〇年も昔のことだから、最初のころ行った谿は、すでに三〇年もの歳月が経過していることになる。ところが、自分でも驚くのは古いころの釣行のこともかなり鮮明に覚えていることだ。これは僕が特別頭がいいからではない。自慢ではないが僕の記憶力のわるさは特筆ものであり、近ごろこれにボケが加わって、いろいろなことをすぐに忘れてしまう。しかし、こと渓流釣りに関してだけはまるで別物のようによく覚えているから不思議である。

このことは僕の釣りのスタイルからきているのかもしれない。僕はどこかの谿に釣りに行く場合、できるかぎりその谿を心象としてとらえるようにしている。釣果も大切だが、それ以上に、その谿から自分がどのような印象を受けたかを大事にしてきたのである。釣行を単に数だけで評価するとすれば、「あの谿はたくさん釣れた。こちらはだめだった」といった量的な思い出しか残らないだろう。しかし、谿は一本として同じものはないし、また、そのときどきの僕の気持ちも同じではない。実際には心の状態によって感じ方は全然違ってくるのだ。だから、鈎の印象も当然のことながら違ってくる。そうした心の印象がそれぞれの釣行を思い出深いものにしていて、忘れないのかもしれない。

大イワナをたくさん釣って大感激した鈎もあれば、前回の赤石川のように鉄砲水で恐ろしいめに遭った鈎もある。最初にイワナを釣った上高地・梓川の強烈な印象以来、僕の頭のなかには数えきれないくらいたくさんの鈎の思い出がつまり、それがまた今日の僕の精神的バックボーンともなっているといえよう。

＊

人は物を見る場合、自分の心のなかにあったものをそれに照射しながら見ている。川に泳ぐ魚を見て、「自分もあんな魚のように自由にいたい」と思う人もいれば、「なんとしてでもあれを釣り上げて、食べたい」と思う人もいるように、自然にある客観的な物は客観であって、また客観ではない。人の立場によって見える側面はさまざまに変わるのである。

豊かな森を見て、そこに心の糧を得る人もいれば、ひと山当てて金儲けの対象と見なす人もいる。人は自然のなかに自分の心を照射し、それを読み取っている。客観的な自然をなんらかの色眼鏡をかけて主観的に見ているのである。客観のなかから自分に都合のいい面だけを読み取っているといってもいいかもしれない。

ただし、僕の場合、それがちょっと極端すぎるのが問題だ。たとえば僕がイワナのような魚を見るとき、漠然とした気持ちでは見ない。イワナは僕にとって人生の一部であり、かけがえのない一生の友である。単なる魚の一種類として客観的にあるのではなく、僕の深い思い込みの対象として存在している。それをどうして冷静な気持ちで見られようか。燃えるような熱い眼差しで見つめるのである。それは、事情を知らない人から見れば、一種異様な態度といってもいいかもしれない。

同じように源流のイワナ釣りも僕にとっては特別な位置を占めている。磯や船釣りに行くときとは根本的に違う、一種の熱情みたいな思い込みに取りつかれているのだ。その思いはちょっと表現しがたいような激しいもので、イワナ釣りというと出漁前から心がひどく高ぶるのである。

そして、そのように高揚した気持ちで谿に向かった場合、僕の心のなかに起こる反応も普通ではない。竿を構えて一心に目印に神経を集中しているうちに、僕の情念は急速に拡大し、僕の外にあるいっさいの存在物を僕の主観のなかに取り込んでしまうのである。僕の思い込みの念はものすごい広がりをもって谿を包み、僕はそのなかで架空の主役を演じるのだ。あらゆるものはすべて僕の自我のなかに吸収されてしまう。

天上天下唯我独尊《ゆいがどくそん》である。

　すると谿の木々の緑は自分の分身であり、渓水の音は自分の心の呟きとなる。川原の石も、鳥もみんな僕の自我に吸い込まれて、僕の分身となってしまう。僕は無限に広がった精神のなかをただ逍遥《しょうよう》すればいいのだ。

＊

　若いころだれもが陥るように、僕も一時、精神的に深く悩んだ時代があった。ちょうどそのころ、友人を山の事故で失い、また周囲で別な遭難事故が起こったりしていて、ひどい人嫌いになった時期があった。他人とのつきあいもあまりせずに、部屋に閉じこもっては厭世的な本ばかり読んで、生きていくのがすっかりいやになっていた時期がこの僕にもあった。

　こんな時期は若者ならたいていの人が経験するもので、一種のハシカみたいなものかもしれない。症状の軽い人ならほとんど感じないで大人になっていくのだろうが、僕の場合は少々重症だった。それまで盛んに登っていた山へも行かず、僕はひたすら部屋の中でもうひとつの自分、すなわち生きていくことを否定しようとする陰の自分と闘い続けていたのである。

　このころの僕の生活は膨大な数の本のなかに埋まり、次々とそれらを読みまくることに終始していた。僕は完全な本の虫となり、それだけが僕にとっての現実となった。僕の現実は本のなかにしか存在しないという、ちょっと異様な世界のなかを徘徊していたのである。

また、その当時、僕は自分の閉塞的な状況を打ち破ろうとして、必死に闘ってもいた。長い病気をした直後でもあった関係で山にも渓流にも行かず、僕は自分の悩みを解決しようと禅寺に通っていた。なにもない僧堂の中で自分自身を見つめるために、七年間も禅寺に通ったのである。

僕は参禅に精進しながら、良寛和尚の詩集『草堂集』のなかに救いを求めたりしていた。そしてまた一方で『無門関』や『碧巌録《へきがんろく》』などの禅の古典から、道元禅師の『正法眼蔵《しょうぼうげんぞう》』にも挑んでいた。『正法眼蔵』は九五巻の章からなる道元座禅哲学の総論であり、おそらく法話集としてはもっとも難解なもののひとつであろう。書いてあることは古い漢文であることも手伝って、凡人である僕にその真意が理解できるものでもなかった。しかし、わからないままに読み進んでいくうちに「谿聲山色《けいせいさんしょく》」という章（巻《まき》）に突き当たったのである。

道元はそこでこう書いていた。宋の国でひとりの雲水《うんすい》が修行していた。彼は長い間悟りを開こうと長く苦しい修行を続けていたが、どうしてもそこに到達することができなかった。ところが、ある夜、渓流の水音を聞いて忽然と悟りを開くのである。そしてそのときの気持ちを老師に「谿聲《けいせい》すなわちこれ広長舌、山色《さんしょく》清浄身にあらざることなし。夜来八万四千偈《げ》、他日いかに人に擧似《こじ》せん」と言ったというのだ。

道元の文章の本当の意味は悟りも開いていない僕にはわからないが、自分流に理解したところを翻訳すれば、渓流の音は長い舌のようにさまざまなことを語り伝えているし、山の木々の様子も八万四千にも及ぶおびただしい真実の声をわれわれの方に語りかけている。それはずっと以前からそうだったのだが、自分はそのことに気がつかなかった。川の音も山の木々も真実はこうなんだ、といつも語りかけていたのに、それを聞いていなかったのだ。自分は今その真実の声をようやく聞き取ったのだが、その真意をどうしたら悟りを開いていない普通の人びとに教えることができるだろうか、という意味である。

谿を流れる水の音は、心を澄ませて聞き取れば真理を伝えるすばらしい声である。しかし、世俗の煩悩に満ちた心ではその真理の声は聞こえない。ただ、騒々しい水の音にすぎない。無心で鏡のように澄んだ心をもつ人にのみ開示されてくる世界。それこそ禅がいう悟りの境地なのだろう。

僕は七年間にわたって禅寺に通い続け、参禅したが、ついにそうした境地に達することなく挫折してしまった。しかし、道元が伝えた谿の聲というものをじつはずっと後になって理解することができたのである。

道元によれば人はさまざまな煩悩（自我）にがんじがらめに縛られていて、その色眼鏡が真理を見抜く能力を曇らせている、それをなくすためには人は徹底的に座禅を組んで、無心の境地に達しなければならない。身心脱落して鏡のような無心の境地に至れば、谿の聲は谿本来がもつ真実の言葉として、自分の耳に響き渡ってくるというのである。

谿は常にわれわれ人間に向かってなにごとかを語りかけている。しかし、曇った心をもつ人にはそうした言葉は聞こえない。真実は常に眼の前にありながら、自らそれを押し退けてしまっているのである。

以前、ビクトール・フランクルの『夜と霧』という本を読んだとき、同じようなことが書いてあって感動したことがある。この本はナチによるユダヤ人の強制収容所へ連行された一心理学者の記録であるが、そのなかで死に直面した収容者が「あそこにある木が自分に語りかけてくる。私はここにいる。ここにいる。私はいるのだ。永遠の命だ」と言うのを聞いたと書いている。

死という絶望的な限界状況に陥ったとき、人はすでに失うものはなにもない。心は恐怖にひきつっているかもしれないが、逆にその緊張が外界から発せられる真理の言葉を聞き取らせるのだ。収容者はすべてを奪われながら、逆に真理の声を聞くことができたのである。

同じことはイスラエルの哲学者ブーバーの言う「汝の声」やカール・ヤスパースの「自然が語りかける暗号の解読」、マルティン・ハイデガーの「人は存在が語る言葉を聞く牧人である」などの表現に読み取ることができる。これらはみな、道元が言う谿聲山色と同じことを言っているのではないだろうか。

＊

最初に僕が「谿の聲」を聞いたのは静内川のある支流だった。コイボクシュシビチャリ川という長い名前の支流のそのまた支流のほんの小さな沢の奥から、密やかに僕に語りかけてくる声を僕はたしかに聞いたのである。

それは通常の音ではなかった。無限な生命体が発する不思議な律動のように僕には聞こえた。この声を聞いたのは『正法眼蔵』を読んでからかなり後のことだったが、僕はその時点でそれが「谿聲山色」の声であることを理解したのだった。

以来、僕の釣行は以前のものとはまったく違った意味をもつようになってきた。釣りは魚を釣り上げることが最高に楽しいことである。しかし、それ以上に楽しいことがある。それは自分がその谿のなかにあって彼らと一体感に浸っていることだ。谿を自分の内面との対話のなかでとらえることの楽しさを知ったのである。

その後、僕はどんな川へ行くにしてもまず大切にしたのは、その谿に対する自分自身の関わり合い方だった。決していい加減な気持ちではなく、心の底から自分がいる谿のすばらしさを味わおうと思ったのである。

僕は釣り場とそこに棲む渓流の魚たちに深い敬愛の念を感じるようになっていった。谿に入ればまず、その谿の美しさを思い、魚を釣れば、イワナの神秘的な姿に魅せられた。僕の魂は惹きつけられたようになって、谿のなかを彷徨《さまよ》ったのである。

谿はひとつとして同じものはなかったし、イワナも一尾として同じものはなかった。それぞれはすばらしい個性をもって、僕に語りかけていた。僕がちょっと心を開けば彼らが語る声を聞くことができるようになっていたのである。

僕の渓流釣りはだから、魚が釣れた、釣れないといったことはたいした意味をもたなくなっていった。結果として源流では大イワナが釣れたけれど、本質的にはそんなものはたいして意味はなかった。僕にとって大切なのは、谿や魚たちとの心のなかで繰り広げられる精神的な対話だったのだから。

だから、谿の評価はいつしか自分がそこでどこまで深く沈潜して谿のなかに溶け込んでいったのか、ということが中心となっていった。魚が釣れる、釣れないは二の次であり、たいした意味をもたなくなっていったのである。

＊

静内川で谿の聲を聞いて以来、僕は長い間この地域に通いつめていた。しかし、静内川は僕が通いつめた昭和四十年代の後半からしだいに川沿いに林道が造られて、釣り場としての価値を急速に失っていった。

静内川が大イワナの釣り場としての価値を保っていたのは、昭和五十年の最初のころまでで、その後、あれほどたくさんいた大イワナは、静内川ではほとんど期待できなくなっていった。すぐれた釣り場が人間の経済活動によって次々と失われていくのを見るのは悲しいことであったが、僕個人が抵抗しようにもその巨大な時代の流れを止めることはできそうもなかった。

僕にできることといえば、以前の場所をあきらめて新たな大イワナの釣り場を見つけることしかなかった。森を伐られて逃げまどう野生動物と同じように、僕たちはいい釣り場から追い立てられてしまったのである。森林の伐採によってすみかを失ったものは、野生動物だけではなかったのである。

昭和五十年代に入るとそれまで有望であった多くの谿にそれぞれ林道が造られてし

まい、目ぼしい谿で残っている場所というのは極端に少なくなっていった。かつて、ちょっと都会から離れればイワナが釣れる場所はたくさんあったのが、この昭和五十年を境にして急速に失われていったのである。

日本では最高のイワナ釣り場であった日高の谿は、そのどれもが道がなく、長いアプローチを歩かなければ目的とする釣り場に到達することができなかった。苦しく長いアプローチを歩いている間に、しだいに僕たちの気持ちは高まっていき、最後に大イワナの世界に突入したところで最高潮に達する。それに至る道程が困難であればあるほど、苦痛であればあるほど最後の喜びも大きかった。そうした舞台状況を作りだすのに日高の谿は絶好だったのである。

しかし、それらのどれにも道ができ、源流まで容易に入渓することができるようになってしまった。かつて、たいへんな苦労を重ねてようやく達することのできたこれらの谿の源流は、今や車を使うことでなんの苦労もなしに行けるようになってしまったのである。これは一般の釣り人にとっては朗報であったかもしれない。山に強い変わり者しか行けなかった特殊な場所が、だれにでも簡単に行けるようになったのだから。しかし、その結果、楽園のような場所であった釣り場はあっという間に、どこにでもあるありふれた、場荒れの激しい釣り場に変わり果ててしまったのである。

もはや苦痛を経て歓喜に至るといった舞台装置も失われてしまっていた。大イワナの世界へ突入したときのあの強烈な喜びは、今や僕たちの手の届かない彼岸に運び去られてしまったのである。苦痛もなければ歓喜もないが、その代わり手軽でだれもが楽しめる源流の時代がやってきたのである。

昔のように下流から長い道程を苦労して歩く方法は、この昭和五十年ごろを境にして反故《ほご》になりつつあったのである。

*

昭和五十年代は新しい渓流釣りの時代に入ったといってよかった。ちょうどそのころ、現在の渓流竿の原型となるようなカーボン製の渓流竿も作られた。そして、それは圧倒的な数の新しい渓流釣り師を生み出したのである。

日高の林道の例を出すまでもなく、道路が整備され、車による釣行が常識となるに及んで、どんな山奥でも簡単に行ける時代となり、源流が特定の人だけの釣り場ではなくなってきた。それ以前には少数の人しか入れなかった源流の釣り場が、猛烈な速さで大衆化していった。一般の人がちょっと行きにくい場所を重点的に探し、そこを釣るということにもそろそろ限界があった。時代は五十年を契機に大きく変換していったのである。しかし、古い体質をもつ僕はその時代の流れに乗り換えることがうまくできなかった。

僕は長いアプローチを親からもらった二本の足で歩いて、ようやくにたどり着いた場所で竿を出すというスタイルにあくまでも固執したのである。しかし、それは明らかに時代の流れには逆行した行為だった。

僕の仲間たちはとっくに釣りのスタイルを変えていた。このころにはキャンプ用品にもすぐれたものがたくさん作られていたから、彼らは快適にそれを利用したのである。しかし、僕といえば、あくまでもそれらの用具を拒否し、「いや、人間は親からもらった五体だけでどこだって行けちゃう。道具に頼るのは邪道だ」とがんばったのである。

そのころ書き上げた『大イワナの世界』の前書きでも、僕は物に頼らず、自分の体だけで谿に挑むべきだということを書いている。イワナ釣りは釣り場の困難さを乗り越えていく、自己との闘いであり、その困難に打ち勝ったときには心の底から歓喜がわき起こるはずだ。イワナの世界とはきわめて私的な、メンタルな世界であり、それはあらゆるものを捨て去って、無心な気持ちで自然と向かい合ったとき、あなたの心のなかに見えてくる内的な世界である、というようなことを書いていた。僕にとって、イワナ釣りはストイックな反時代的なものであり続けていたのである。

＊

五十年代の初頭、僕は車をもっていなかった。四十五年ごろ、一度親から車を買ってもらったことがあったが、数年後にはそれも手放し、以来、車とは無縁な関係にあった。もともとが車の運転は好きでないし、源流の奥まで車で簡単に行けるのもいい気持ちのしなかった僕は、あえて無理をしてまで車をもとうとは思わなかったのである。

そろそろ四輪駆動の車がはやりだしたころで、こうした車は普通ではとても入れないような場所まで簡単に行けるため、渓流釣りにはぴったりと思われていた。だから僕のような人間は四輪駆動のジープなんぞをもっていると、皆が思っていた。実際の僕は今でもそうだが、とくにこの四輪駆動車が嫌いである。渓流釣り師なら常識かもしれないこうしたタイプの車は、たしかにアプローチを短くして快適な釣りを可能にしてくれるかもしれない。しかし、そのために僕にとっては大切な前座であるアプローチの部分、すなわち困難に満ちた川の遡行や山越えといった行為がなくなってしまう。それは渓流釣りでの喜びを半減させるものと、僕には思えたのだ。

ある程度まで車で行くのは止むを得ないだろう。しかし、少なくともラフロードになったら二本の足で歩け、と僕は言いたいのである。こうした頑なな理由から、僕は今まで四輪駆動車をもったことはないし、これからもたぶんもち得ないはずである。

しかし、いくら車を拒否してもその強大な力には勝ちようがなかった。車利用の釣行をなるべく避けていた僕も、時代の流れには勝てなかったのである。車を使わなければ、もはやなにもできない状況になっていたからだ。昔僕がやっていた長いアプローチを経て大イワナの世界に到達するという、一種の自虐的な喜びに至る釣りのスタイルは過去のものになりつつあった。ストイックな、物に頼らず、己れの力だけですべてを解決するという僕の方法は、時代に取り残された過去の遺物のようになっていったのである。だが、源流に車で楽に行ったとして、本当に楽しいのだろうか。そんなことはとんでもない話で、僕にはとうてい容認できないことに思えたのだった。

しかし、そうした僕の態度は時代の流れに真っ向から逆らって、自分だけが置いてけぼりをくうようなものであった。僕はひとりでわめいていたが、それはなんの力にもならず、時代はどんどん先へ進んでいた。もはや、アプローチが長ければ長いほど、その後に出会う大イワナの世界の喜びは大きい、などという言葉は死語になりつつあった。僕がいくらそれを力説したところで、それは時代遅れなことを言う老人の愚痴と同じ次元のできごとにしか見られなくなっていったのである。

＊

前章で書いた赤石川では飛行機を利用したように、僕も、昭和五十二年ころからしだいに気持ちが緩んできていた。「車で源流まで行くなんて、とんでもない。おれは死んだって歩き続けるぞ」と言ってがんばっていたのが、しだいにトーンダウンしていったのである。

昭和五十二年の八月、僕たちは初めて車で日高の谿をめざした。この釣行は結果としてたいした成果を生まなかったが、僕自身にとっては、以前のスタイルから今流の釣りのスタイルへ妥協した契機ともなった釣行であった。僕はこの釣行を境に自分の釣りの方法を少しずつ変えていくのである。

メンバーは大学の後輩である長谷君と早稲田大学渓水クラブの江上君の三人である。江上君は学生ながらすでに車をもっているという、なかなかのリッチマンであった。その彼にフェリーで車ごと先に行ってもらい、僕と長谷君とは札幌まで飛行機で行き、静内の駅で合流する計画をたてた。ふだん、日高辺りの釣行となると細かな計画が事前にたてられているのだが、今回はそんなものはない。ぶっつけ本番、出たとこ勝負という気楽な旅だった。

静内で江上君と合流する。彼の車はシビックで、三人の人間と大きなザックを乗せたらほとんど満載の状態であった。これに食料なんかを積み込んだら人間は荷物の間に入っているという感じになってしまった。

昔の僕なら味噌と米以外の食料品など絶対に持っていかなかったのだが、このときの食料の多さはすごいものだった。ちょっとしたレストランができるくらいたくさんの食料を持ち、さて、どこへ行こうか、ということになった。静内に来るといつもお世話になっている石名釣鬼先生を訪ね、アドバイスを受けると「車があるんじゃ、新冠《にいかっぷ》川のいちばん奥がいい。奥新冠ダムというのが林道の終点にあって、そこから四、五時間歩けば大イワナがけっこう釣れる」という教示をいただいた。

車で行っても、そこからさらに何時間か歩かなければ釣り場ではないという点が僕にはおおいに気に入った。それにイワナも大きいのがいそうである。かくして、僕たちは全員一致で新冠川を第一候補にあげたのだった。この谿は僕もまだ行ったことがなく、なかなか魅力的な谿のように思えたのである。

計画はかなり泥縄式でずさんであるが、それでも車は元気に走りだした。静内から一五分も行けば新冠の町で、その少し手前から新冠林道に入る。この林道は巨大な新冠ダムの横を通ってはるかに先まで造ってあるようだった。

新冠ダムのバックウオーターを越えると、道は極端にわるくなり、車高の低いシビックはゴツゴツと石に当たって悲鳴をあげていた。三人も乗っているうえに、さら

にたくさんの荷物を積んでいるから車高がますます低くなって、底をこすりやすいのだ。
バックウオーターから先はまだ林道の工事が延長中らしく、大型のトラックがひっきりなしに走っている。その間をぬって僕たちも奥へ進むが、トラックの運転手に「ここから奥は将来は通行禁止になるはずだが、まだゲートができない。お前たちは運がいい」と言われる。そうか、ゲートができるのか。だが、それまでの命とはいえ、車で行けるのはじつに幸運である。車は嫌いだと言いながらも、実際にこうした便利さに出合うと僕の強固な貧乏哲学もすぐさまぐらついてくるのだから情けない。

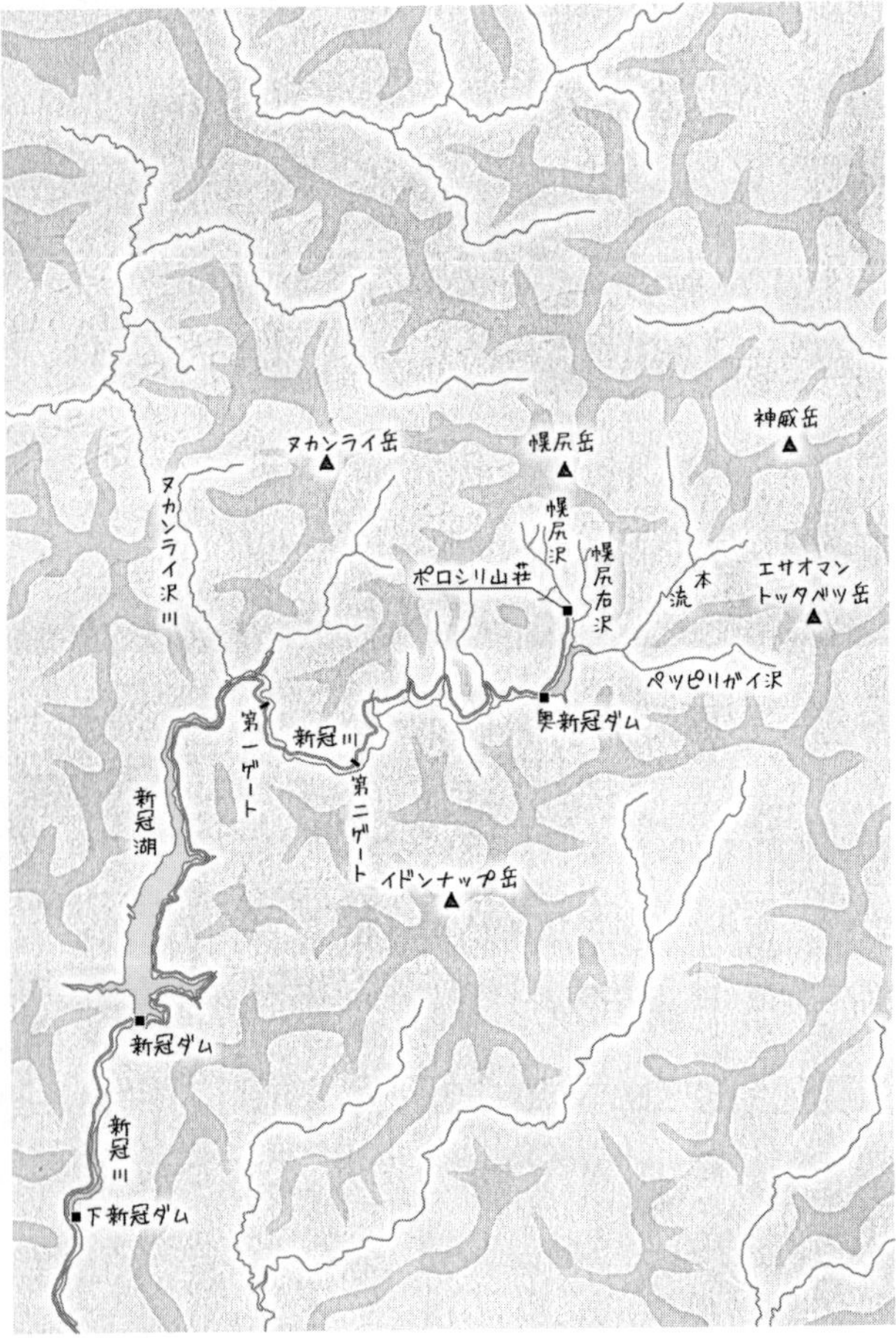
神威岳
ヌカンライ岳
幌尻岳
ヌカンライ沢川
幌尻沢
幌尻右沢
ポロシリ山荘
本流
エサオマントッタベツ岳
ペッピリガイ沢
奥新冠ダム
第一ゲート
新冠川
第二ゲート
新冠湖
イドンナップ岳
新冠ダム
新冠川
下新冠ダム

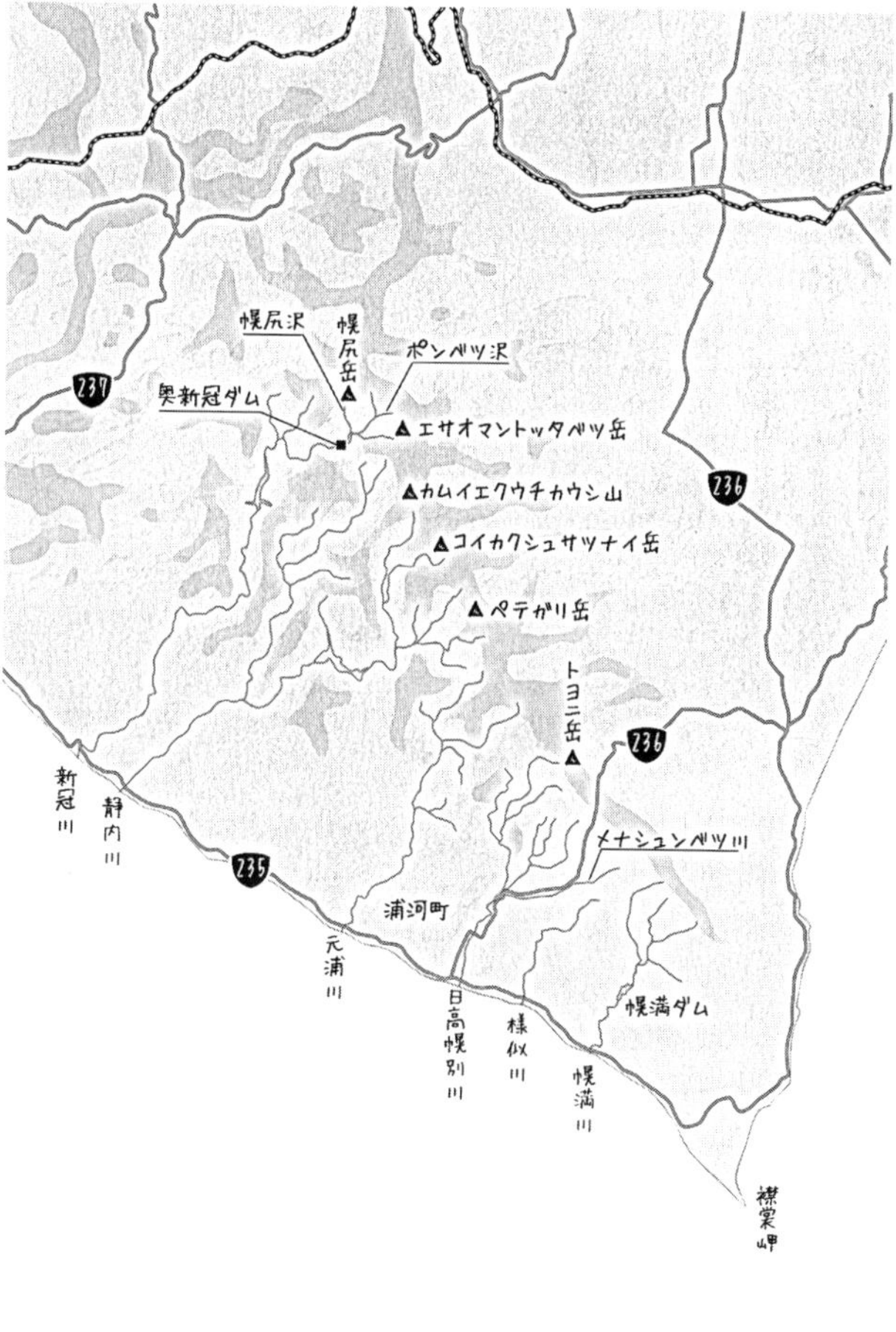

幌尻沢
幌尻岳
ポンベツ沢
237
奥新冠ダム
エサオマントッタベツ岳
236
カムイエクウチカウシ山
コイカクシュサツナイ岳
ペテガリ岳
トヨニ岳
236
新冠川
静内川
235
メナシュンベツ川
浦河町
元浦川
日高幌別川
様似川
幌満ダム
幌満川
襟裳岬

だが、林道を進むにつれて道はものすごくわるくなってきた。ほんの数カ月前に、山を削り取って急いで造りあげたかのような感じである。それでも僕たちはなんとか奥新冠ダムの堰堤の所までは進むことができた。しかし、それより先は、まだブルドーザーが山を削っている最中で進めない。

とりあえず、工事のじゃまにならない場所に車を置くと、ザックにキャンプ用具と食料をつめて、上流に向けて歩きだす。杣道が湖面の少し上に幌尻沢の出合まであって、そこから先はヤブ漕ぎとなった。

奥新冠ダムは上流がふたつに分かれている。左が幌尻沢、右が本流で上でポンベツ沢が入る。僕たちはバックウオーター沿いに本流の方に入っていった。車を降りてから一時間で左岸からポンベツ沢が入ってくる出合に到着する。僕たちはその出合の少し下流にテントを張った。

広くて気持ちのいい明るい川原で、良好なテント場はいたるところにあった。僕は久しぶりに味わう日高の野営を楽しみながら、進行中の道路工事の進み具合を思っていた。ゴミひとつないきれいな川原が清冽な姿を保ち続けられるのは、いつまでのことだろうか。おそらく数年を経ずして、この川もだめになってしまうかもしれないのだ。

＊

翌朝、僕たちはポンベツ沢の出合から竿を出した。この付近は平川で、たいしたポイントもない。だが、魚影は非常に濃く、ちょっとした深みに餌を流し込むとツンツンとくる。ただし、釣れるイワナはすべて九寸くらいで、噂の尺五寸以上は音沙汰がない。ポンベツ沢を過ぎると渓相は岩盤の多いナメとなり、魚の数はあまり多くはなくなってくる。こうしたナメの部分は魚の隠れる場所が少ないから、魚影も当然のことながら比例して薄くなってくるのである。

川には人が入ったような痕跡はないにもかかわらず、魚もそれほど多くないし、また小型ばかりである。「おかしい」「変だ」と僕たちは首を振りながら、上流に釣り上がっていくが、状況がわるいのでとりあえず竿をたたみ、一時間歩いてから再び釣りを開始した。しかし、魚影は薄く、型も思ったほどよくないのである。痕跡はなくともだれかが頻繁に竿を出しているとしか考えられない。道路の影響はすでにこんな場所にまでやってきていたのである。

そしてそのうちにいやな雨が降り始めてきた。そのころにはすっかり釣る気をなくしていたから三人はすぐさまテントにもどったのだが、もどる途中からものすごい降り方になってきた。前が見えないほどの激しい降りで、僕はすぐに鉄砲水のことを考えた。下手をすると増水して幌尻沢側にある道にもどれなくなるかもしれない。そうした予感がしたので、僕たちは大急ぎでテントを撤収すると、車の置いてある堰堤の所へもどったのである。

僕たちの車の周囲にたくさん止めてあった車は、すでに一台もいなくなっていた。皆、大雨の到来を予測して逃げ出してしまったのだろう。残っているのは僕たちだけだった。時間は夜の八時を過ぎていたと思うが、僕たちも急いで車をスタートさせた。その間、雨は間断なく降り続いた。そして、暗い林道を走っていくと、水に緩んだ崖から石がバラバラと落ちてくるのが目撃された。土砂崩れがまさに始まろうとしているところだったのである。

一瞬、運転をしている江上君の顔がひきつった。しかし、次の瞬間、彼はアクセルを吹かすとそこを猛烈なスピードで乗り越えた。落ちてきた小石のいくつかが車体に当たったが、幸い土砂に埋まることもなくその場所を通過することができた。危機一髪という感じで僕たちは危険な場所を越えて、とりあえず下界までもどることはできたのである。

＊

ほんのタッチの差で谿に取り残されることを免れた僕たちは、その翌日を静内の町で過ごし、再び石名先生のご教示に従って、今度は幌満川、幌別川へと向かう。

幌満川は途中に幌満ダムがあり、ここははっきり言ってニジマスの川である。ダムに流れ込む沢をやったが、川沿いに道があり、釣趣がわかない。型は三八センチくらいのイワナが一尾だけ出たが、後はニジマスの入れ食いである。こんなところではやってられないと、午後には幌別川へ向かう。

この川は上流が二俣に分かれていて、左の本流は永久禁漁区になっている。ヤマメの濃さはすごいそうだが、むろん、釣りはできない。僕たちは右のメナシュンベツ川に向かう。この川は隣の禁漁区のおこぼれがあるらしく、日高では静内に次ぐ大ヤマメの川だという。

だが、川の周囲はほとんど牧場として開墾されている。道路は牧場のなかを通って上流に向かっているが、上の二俣から先はどうなっているのかよくわからない。様子からして源流近くまで開墾されていそうな感じである。そこで、とりあえず、二俣の少し下流から川に下りて、釣り上がっていくが、薄い濁りが入っている。明らかに水質がよくなさそうである。牧場が影響しているのだろうか。しかし、こうした水の色のところは案外ヤマメがいいはずである。

案の定、最初から幅の広いヤマメがどんどん釣れてくる。それもみんな二十四、五センチはある立派なものである。北海道のヤマメは総体的にあまり大型がいないのだが、この川のヤマメは特筆もので、すばらしい姿をしている。

だが、釣りとしてはおもしろいのだろうが、どうも満足感がない。というのも、どうしても周囲にある人工的な物が気になるからだ。川には上流から流れてきたと思われるゴミさえある。魚が釣れてもあまり楽しくないのである。第一に僕が重要視している釣りを開始する前の「谿の遡行」が全然ないのが気に入らないのである。

結局、この川も二日釣っただけで、やめてしまった。むろん、魚は充分釣れたし、時間もあったのだが、なにしろ、「心」に感じるものが少ないのだ。釣れたヤマメのなかには尺をわずかに切るほどの良型が何尾か混じったけれど、それでも喜びはそれほど大きいものではなかったのである。

車というすばらしい移動手段を使った今回の釣行は、以前の僕の釣りのスタイルを変えるものだったが、それはまた、釣りにおける内容をも変えるものだった。釣りは以前に比べればずっと快適に、安全にできるようになった。しかし、そのために大切ななにかが失われていったのも確かである。以前僕が求めていた大イワナの世界のようなものに出会うことはきわめてむずかしくなった。

昔はたしかに源流まで行くのにたいへんな困難が伴った。しかし、それだからこそ源流へ至ったときの喜びもひとしおだったはずだ。かつて僕が味わったような感動が、今も同じように味わえるのだろうか。

人は文明を進歩させてきた。それによってよりよい生活ができるようになったけれど、その質については、まだ真剣には問われていないのではないだろうか。

関西きっての大アマゴの楽園といわれた険谷の秘密を覗く

三重県大台ガ原宮川支流・大杉谷
（昭和五十二年八月）

大台《おおだい》ガ原は紀伊半島の南東部、三重県と奈良県の県境に位置している。この付近の山は台高山脈と呼ばれ、最高峰の日出ガ岳（一六九四・九メートル）を中心に東は三重県の櫛田川、宮川が伊勢湾へ、南には北山川が熊野川を経て熊野灘へ、また北西には吉野川が紀ノ川を経て紀伊水道へ流れ込んでいる。大台ガ原は紀伊半島の端の方にあるとはいえ、このように東西南北に流れる川から構成されている。ここは紀伊半島の中心的な水源といっても過言ではない所なのだ。

そして、その大台ガ原のなかでも最も有名なのが大杉谷である。この谿は渓谷の美しさと遡行の厳しさで知られている。大杉谷は宮川の最源流部、宮川貯水池より上流の谿で、直接、日出ガ岳に突き上げている。深く切れ込んだ渓谷、高い滝、急峻な斜面、日本一の降水量によって水位が急激に変わる厳しい自然条件などから、遡行のきわめて困難な谿であるといわれている。

大台ガ原の谿々にはまた、すばらしい渓流釣り場が残ってもいた。大杉谷はあまりにけわしすぎて、一般の釣り人が入渓することがむずかしかったから、渓流魚は太古からの変わらぬ姿で保存され、手つかずの釣り場であると噂されていたのである。

だが、その後、ご多分にもれずこの地にも伐採用の林道が造られ、それによって入渓は容易になった。おかげで、谿は伐採によってひどく荒廃し、昔からいわれていた美しい谿の姿は急速に失われつつあった。

僕たちが大杉谷を訪れたのは、まさにそうした開発の波が押し寄せようとしているときのことだったのである。

＊

昭和五十二年八月、この年の八月は僕にとってはじつにハードな月だった。前の章で書いたように八月の二日から八日までは日高の新冠川などへ出かけていた。そして、その直後の十二日から十七日まで紀伊半島の大台ガ原の大杉谷へと、矢継ぎばやに出かけたからである。

当時、僕はすでに社会人として真面目に仕事をしていたから、長期の休日を得ることは非常にむずかしかった。それがなぜこの年にこんなに長い休暇が取れたのか、今思い出しても不思議である。しかし、とにかくさまざまな無理を言って、こうした長期の休暇を獲得したことは間違いない。

仕事が忙しくて休みが取れない、それが普通の社会人の現実である。だが、休みというものは待っていても生まれてはこない。休みは自ら作るものなのだ。こう考えていた僕は、釣りに行くときはなかば強引に休暇を捻出したのだった。

しかし、それにしても紀伊半島は僕のような関東在住の人間にとっては、はるかに遠い存在である。東京から行くには距離がありすぎる場所だった。実際、紀伊半島に限らず、関東の人間には西日本の渓流釣り場についての情報はほとんど持ち合わせていない。せいぜい岐阜の郡上《ぐじょう》くらいまでで、それより西になるとすでに自分たちのフィールドではないから、魚がどの程度いるのかもよくわからないのである。だから、よほど魚が釣れるという確かな情報でもないかぎり、この方面まで触手を伸ばそうとはしない。わざわざ遠方まで出向くとなれば、魚がよく釣れる魅力的な場所でないかぎり行かないのである。

また、仮に魚が釣れたにしても、東京から紀伊半島まで行くのはかなり面倒である。たとえば、紀伊半島の先端まで電車で行くとなると、名古屋、または大阪から紀勢線を利用するしかない。半島の中央部なら京都から近鉄で奈良に入る方法があるが、東京からだといずれもかなりの時間が必要である。車利用でも事情は同じで、東名高速道路で名古屋まで行き、そこから伊勢を通って、紀伊半島の東海岸沿いに行くわけだが、その距離は想像以上に遠い。東京から紀伊半島の先端までは八〇〇キロもあるのだ。これは東京からじつに下北半島の先端までの距離に等しいのである。僕たち関東の人間から見れば紀伊半島の釣り場は途方もなく遠い地なのだ。

しかし、それにもかかわらず僕たちはこの年、すなわち昭和五十二年の八月に大杉谷をめざしたのだった。なぜかといえば、大杉谷は僕にとって昔から、憧れの谿であり、魚が釣れる釣れないにかかわらず、一度は訪ねてみたいと思っていた場所であったからだ。

大杉谷の遡行記を僕は何回か山の本で読んでいた。強烈に圧縮されたゴルジュ、高くそびえる滝、美しい谿の姿、そして、深い淵を泳ぐアマゴの姿を見たという記述を読むうちに、僕のこの地に対する気持ちはしだいに高まっていった。その気持ちは、いつかは爆発せざるを得なかったのである。

そこはすばらしい渓谷美が展開し、まだ手つかずのすごい釣り場が残されていると聞いた。だが、その噂は真実だったのだろうか。

*

八月十二日の夜一一時、僕と栗田、江川君の三人は荻窪の僕の家を出発した。最初の出発予定は午後九時となっていたのだが、江川君が所用で遅れたため、この時間になってしまったのである。

僕たちの予定では環状八号線から瀬田を経由して東名高速道路へ入り、名古屋インターでいったん降りて、名古屋駅へ向かう。そこで大阪から来た川崎君をひろって、松阪、紀伊長島から尾鷲に出て大台ガ原に入るコースを考えていた。

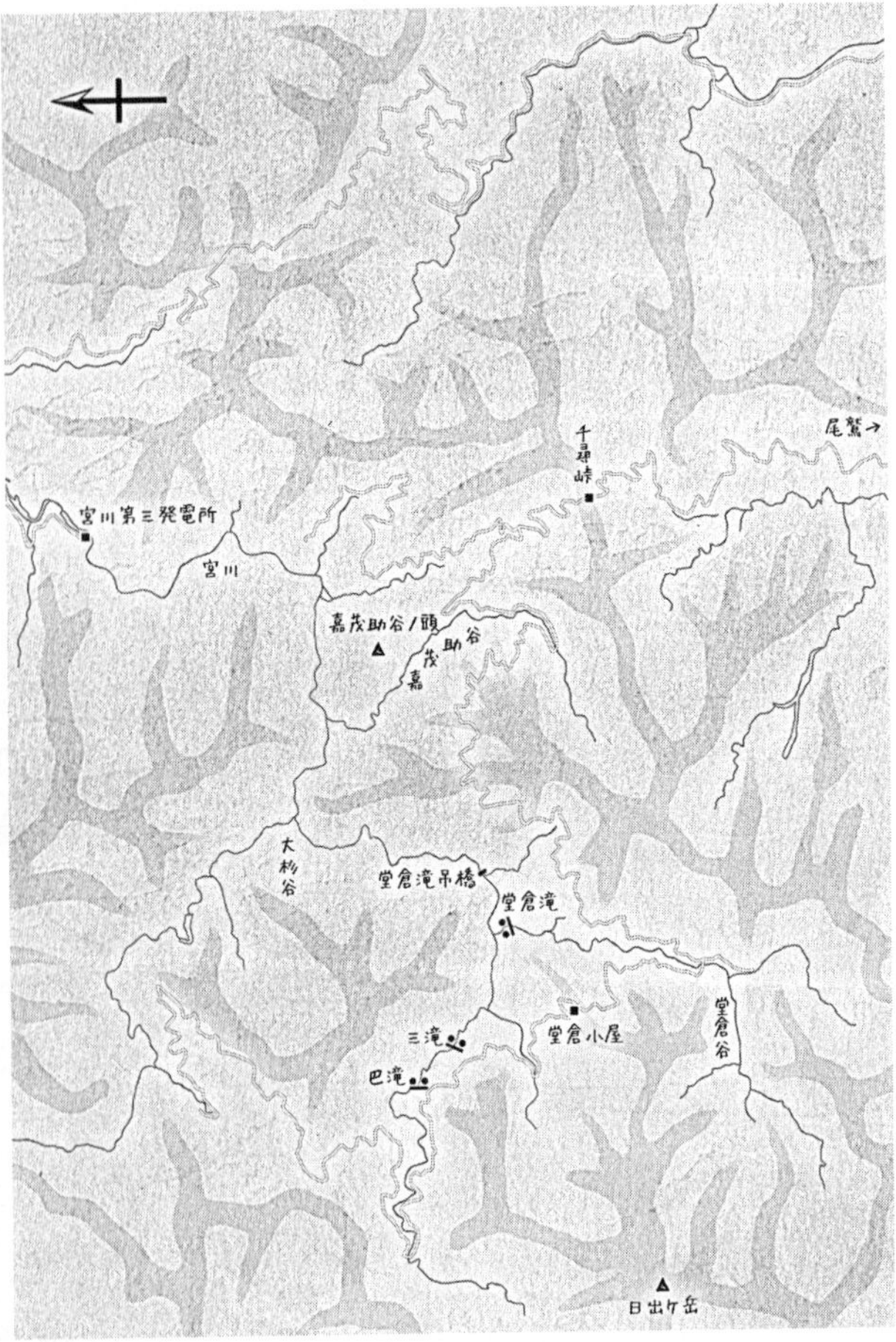

尾鷲→
千尋峠
宮川第三発電所
宮川
嘉茂助谷ノ頭
嘉茂助谷
大杉谷
堂倉滝吊橋
堂倉滝
三滝
巴滝
堂倉小屋
堂倉谷
日出ヶ岳

だが、僕たちのもくろみは最初から失敗した。八月十二日は夏のお盆の始まりである。東名高速に入ると帰省する車の群れのなかにはさまってしまった。ものすごい数の車がいっせいに高速道路に進入してきたために、スピードを出して走れないのである。

とくに箱根を過ぎるころまでがひどいノロノロ運転であった。それから先では多少走ることはできたが、それでも時速は五〇キロ出すのがやっとである。川崎君を名古屋駅でピックアップする時間は夜中の二時ごろと約束していたのに、それにはとうてい間に合いそうもなかった。

出発が遅れたことも手伝って、帰省ラッシュの車にはさまれた僕たちのスカイラインは、ノロノロと東名低速道路を走っていく。そして、まずいことには途中でガス欠となり、サービスエリアに入るが、ガソリンを入れる長い長い車の行列につかまってしまったのである。ここでまたまた僕たちは無意味な時間を浪費しなければならず、時は刻々と過ぎていく。

そして、うんざりするころ、ようやく名古屋に着いた。名古屋駅に到着したのは朝の六時だった。約束の時間に四時間も遅れたことになる。時間になっても来ない僕たちが事故でも起こしたのではないかと、川崎君はじりじりしながら待っていたが、僕たちと対面するとようやく気持ちが安心したようだった。

六時という時間は、本当ならとっくに大台ガ原への登りに取りかかっているはずだが、だいぶ遅れてしまった。それを取りもどそうと、名古屋を素早く出ると蟹江から高速道路を経由して、尾鷲へ向かう。すでに道路の混雑は解消していたが、まだ道程は長かった。松阪、紀伊長島を経て、大台の登り口である尾鷲に到着したのは昼近かったのである。

予定時間が半日ほどむだになってしまったことになる。陽はすでに高く、ギラギラと夏の太陽を輝かせていた。しかし、僕たちはまだ大杉谷へ至る林道の途中にいる。尾鷲市の中里から船津川沿いに千尋峠を越えて、宮川の最源流である大杉谷の上部に出ようというコースをまだまだ走り続けていたのだ。

船津川沿いの林道は海岸線から標高七五〇メートルの千尋峠まで一気に登っていくという恐ろしく急なもので、山の斜面は急な壁のように迫ってくる感じがした。船津川の源流にあたる沢からは一〇〇メートル以上はありそうな滝が落ちているのさえ見える。その傾斜からして、僕たちがめざそうとしている大杉谷は容易ならざる谿に思えた。

この林道は尾鷲側から大台ガ原地域の森林伐採用に造られたもので、大杉谷の最上流部に出ることができる。この道をつめれば、上から大杉谷の核心部へ尾根づたいに下降することができるのだ。アプローチは短く、入渓は容易となり、昔の人のように長い道程を苦労して歩かなくてもすむ。忙しい現代人にはうってつけかもしれないが、大杉谷の本当のすばらしさがこうした林道の建設によってまだ損なわれずに残っていられるのだろうか、という心配も起こってきた。

僕は急坂に悲鳴をあげている栗田君のスカイラインに、「がんばってくれよ」と言いながらも、内心は道路の状況から先行きに失望感が生じることを恐れていた。とはいっても、道路が造られてしまった現代においては、もはやそれに従うしかないのかもしれない。忙しい僕たちにとってはこの林道を走る以外に大杉谷に行ける手だてはないのである。

＊

中里から急峻な道を走ること約一時間。すでに一〇万キロ以上走っている栗田君のスカイラインは、オーバーヒート寸前の状態で千尋峠を越えた。車のドアの内側付近に雨水がたまっているらしく、振動するたびに「ゆっさゆっさ」と水の音さえする。いつ故障してもおかしくない車なのだが、東京からの長旅を無事終えて、ついにわがスカイライン・ケンメリは大台ガ原のどまんなかである堂倉小屋前に到着したのだった。

一二時間以上のロングドライブに、僕たちはすでにうんざりしていたから、目的地に着いた喜びは格別だった。狭い車のシートから抜け出すと、まず、背伸びをして硬くなった筋を伸ばした。

だが、同行の川崎、江川両君にとっては、これ以前に大問題が発生していて、その解決のほうが先決だった。食料担当の僕と栗田君は下戸で、酒はほとんど飲まない、いや飲めない。だから、今回の釣行ではアルコール類はいっさい用意していなかったのだ。

それを知った川崎、江川両君が「エーッ、酒がない。それはマズイっすよ」と言ってあわてだしたのである。酒の話が出たのは車がすでに林道に入ってからなので、途中に人家などない。酒を買うには、終点の山小屋である堂倉小屋しかないのだ。そして、そこにもし酒が売っていないとすれば、このふたりはアルコールの禁断症状に襲われねばならないのである。僕と栗田君にとってはどうってことはないのだが、ふたりは「酒だ、酒だ」と言いながら堂倉小屋へ駆け込むしか手がなかったのである。

だが、こんな山小屋に酒などあるのだろうか、と思っていると、なんと連中が大きな段ボール箱をふた抱えも持ってもどってきた。缶ビールを二ケースも買ってきたのである。禁断症状にはならなくてすむことに安心したのだろうか、ふたりの顔はにこにこしている。

僕も栗田君もアルコールはいっさい飲めないたちであるから、酒飲みの心境というのは理解しがたいところがある。しかし、それにしてもこの量にはど肝を抜かれた。

僕は「エッ、そんなに飲むの」と言うのが精いっぱいで、荷物が重くなるからそんなにたくさんは運べないんじゃないの、と言おうとする前に「荷物のことは心配いりません。僕が全部背負いますから」と川崎君が言葉をはさむ。彼の顔には「ほかの食料は運ばなくたってビールは持ってくぞ」という気迫があり、その態度に圧倒されてしまったのである。

実際、道は車を止めた所から尾根づたいに急な道を堂倉谷と西谷との合流点まで下るだけで、登りはないから、多少荷物が重くなっても苦にはならないのである。しかし、それにしても彼らふたりの酒好きは驚くべきものであった。この後、二箱あったビールは三日間ですべて飲み干してしまったのだから。

＊

大量のビールを買い込んだ負い目があるせいか、川崎、江川両君は、僕と栗田君の荷物を「僕たちが持ちますよ」と言って、せっせと自分のザックの中につめ込んだ。

おかげで、僕と栗田君はかなり楽な荷物ですみそうである。ま、荷物があったところでどうせ下りばかりだから、たいしたことはないけれど、とりあえずは、ここは彼らのお言葉にあまえて楽をさせていただくことにした。

そうして、四人は堂倉谷出合に向かって下降を開始する。だが、「下降を開始する」と言うほどの大袈裟なものではなく、僕たちは簡単な道をわずか二〇分くらい下って堂倉谷出合に到着してしまったのである。

想像以上にあっけないアプローチに、やや失望の念が生じてくるのを禁じ得なかった。大杉谷については、以前から遡行の厳しさ、谿の美しさを聞いていただけに、あまりにも簡単な下降であったからだ。それに、山の周囲がひどく伐採されていて、殺風景に荒れ果てていることもおもしろくなかった。

第一に堂倉谷の出合には立派な吊橋が架かり、下流方向からしっかりした遊歩道がついていて、ハイカーのような人がけっこう歩いてきている。「なんだ、これはちょっとしたハイキングコースじゃないの」という不満の声が僕たちの間から飛び出した。中里から例の林道に車で乗り入れたときのいやな予感が、しだいに的中してきそうなのだ。どうやら手つかずの釣り場というのもだいぶあやしくなってきた感じである。

だが、その心配は半分ははずれた。谿の自然はまだ多少は残されていたのである。僕たちは出合にテントを設営した後、偵察がてら西谷に釣り上がっていくと、谿はたちまち自然な姿を現わしてきたからだ。遊歩道は堂倉谷の出合までで、そこから先はけわしい、昔ながらの大杉谷の姿が残っているように僕たちには見えた。

しかし、この日の釣りはあまり芳しいものではなかった。僕たちが行った昭和五十二年の夏は一カ月近く雨が降らず、川はかなりの渇水であったせいもあるだろうが、噂に聞いていたアマゴの姿がほとんど見られないのである。心配の半分はそのとおりに的中したのである。

僕たちは西谷を最初の三滝まで釣り上がったのだが、二〇センチくらいのアマゴが一尾出ただけで、あとはすべてアブラハヤであった。水が少なく、流れもそれほど強くないから川底までまる見えで、魚も警戒していたのかもしれない。その代わりアブラハヤはいやというほど釣れてくる。ポイントに餌を入れると同時に、四方八方からアブラハヤがまっ黒い集団となって襲ってくるのには、驚いてしまった。

だいたい、紀伊半島の渓流は大杉谷だけでなくどこへ行ってもアブラハヤとカワムツが多い。関東以北でアブラハヤがいるのは、河川の比較的下流地帯に限られており、上流へ行くと自然にいなくなるのだが、ここ、大台ガ原では水がほとんどなくなる最源流まで生息しているのである。こいつが、アマゴが食う前に素早く餌をかっぱらっていくので、本命はなかなか釣れないのだ。

＊

三滝までの間はさしたる悪場もなく、遡行は楽勝である。このことを見た僕たちは、翌日の釣りは本命である堂倉谷にすることにした。堂倉谷は出合に三〇メートルくらいはありそうな大きな滝（堂倉滝）があり、この滝の通過にはかなりの時間と技術が要求されそうである。一方、西谷は少なくとも三滝まではだれでも遡行できるので、場荒れも激しいだろうと見てとったのだ。

夕方、この堂倉滝の偵察を兼ねて、ルアーで滝壺にアタックしてみた。滝壺はルアーを思いっきりキャストしても落ち口まで届かないくらい広く、また水深も一〇メートル以上はありそうな深さである。

ここにはどんな大物がいても不思議ではないほどのスケールがあり、これぞ大杉谷という感じであった。そして五グラムくらいのスピナーを投げると、たちまち二五センチくらいのきれいなアマゴが釣れた。

そのアマゴは赤い斑点の非常に濃いもので、それが背中の方にまで広がっている。ウロコはぬめっとした感じで、最近はやりの手に持ったとたんにウロコがばらばらと剝がれるような薄汚い放流魚とはだいぶ違う。

このごろはどこへ行ってもこうした放流魚ばかりで、本物の天然魚を見る機会も少なくなっている。なかには最初からこうした放流魚しか知らない渓流釣り師もいる。そんな人たちに見せたいようなきれいなネイティブの魚であった。

堂倉滝は両岸が絶壁で、どちらから行ってもヤバそうに見えたが、少なくとも直登はむずかしそうである。安全なルートとしては右岸から高巻いていくのがいちばんいいように思えた。僕たちは、おおよその取付点を確認（と思っていた）してから、テントにもどった。

夜になると川崎、江川両君のビールの乾杯が始まる。栗田君と僕は酒はまったく飲めないたちなので、ただただ、彼らのうわばみぶりを驚異の眼差しで見つめるばかりであった。

しかし、山で酒を飲むというのも、連中の態度を見ているとわるいものでもなさそうである。楽しく酔っぱらうふたりのバッカスの饗宴は、夜の一〇時でぴたりとやんだ。明日は厳しい堂倉谷へのアタックの日である。酒を飲みすぎて足元がふらつき、転落などという事態になれば、とんだ笑いものになるだけである。ここはリーダーの権限で「消灯」を命じさせていただいたのである。

＊

翌朝、目を覚ますと小雨が降っていた。連日雨が降らずに渇水続きだったというのに、運がわるい。これというのも、僕と川崎君とのコンビに原因があるような気がしてならない。僕らふたりが顔を合わせると、必ず悪天候になる。なぜか、ふたりでよい天気の下で釣りをしたという記憶はなく、雨天ばかりである。そのことから、僕たち白石・川崎コンビは「嵐を呼ぶ男たち」とあだ名されていた。

今日もふたりのオーラが強かったのだろうか、雨はしだいに本降りになってきた。こうなると周囲が急峻な岩山だけに鉄砲水が怖い。雨が降れば水は土中にたまることなく一気に川に流れ込み、水位のすごい上昇となり、鉄砲水を発生させるだろう。僕たちの前途にはいやな暗雲が立ち込めてきたのである。

だが、貴重な休暇を利用してきている以上、むだに時間はつぶせない。少々の悪天候は釣りには絶好だとばかり、急いで食事の支度をし、朝食をかっ込む。

すると僕たちが朝食を食べている前を、ふたりの釣り人が素早く西谷の方へ釣り上がっていくのが見えた。彼らは僕たちのテントを見つけると、まるで逃げるかのように急いでいく。だが、その格好はいかにも素人くさく、急峻な谿を登る足元はふらふらしていて危なそうであった。

だいたい、大杉谷のような第一級の険谷に、こうした素人がやってこれるということが、不思議である。それだけ、アプローチも楽になり、だれにでも簡単に来れる場所になっているということなのだろうか。

とにかく、僕たちは彼らが急いで上流に消えていくのを呆気にとられて見ていた。だが、いずれにしても、今日入渓する谿は堂倉谷だから自分たちには関係ないと、食事をし終えた。それからおもむろにザイルなどの登攀用具を用意し、昨日軽く見ておいた堂倉滝の巻きに取りかかった。

ところが、僕たちが巻けると見ていた場所はそうとうわるい岩場で、簡単には行けそうもないのである。そこで、あちらこちらをウロウロしているうちに、下の方から激しい音をたてて三人の沢登りの人がやってきて、サッという感じで上の方へ登っていってしまった。

昨日もっとしっかり偵察しておけばよかったのだが、巻きルートの取付が、僕たちが見た所よりさらに二〇メートルほど下流側にあったのである。これがわからず、迷っているうちに後から来た三人に先を越されてしまったのだ。

＊

狭い谷を三人もの人間が先に歩かれては、釣りにはなりそうもない。そこで、僕たちはちょっと相談した結果、西谷に行き先を変更することにした。西谷にはさっきふたりの先行者が人っていったが、連中の谿の歩き具合から見てそう遠くまで行っているとも思えなかったからだ。また、実際、三滝から上を登ることは彼らの技術では不可能だろう。そして追い着いたら三滝までの間を彼らに譲り、そこから上流を釣らせてもらうように頼もうと思い、彼らの後を追うことにしたのである。

先行者には意外なほど早く追い着いた。彼らは僕たちが堂倉谷に入ったと思ったのだろう。僕たちのテント場を越えてからは、ゆっくりと釣り上がっていたのである。というより、急いで先へ進めない事情があったのだ。じつは「魚」がたくさん釣れていて、先まで進みきれなかったのである。

追い着いた僕たちが「どうですか、釣れましたか」と尋ねると、ビニールの雨コートに運動靴を履いた男が「ええ、まあ、けっこう釣れましたよ」と言って、大きなビニール袋を差し出したのである。

袋の中にはアブラハヤが数十尾は入っていた。彼らはこれがたくさん釣れるから、先へ急いで行こうにも、行けなかったのである。

「あっ、アブラハヤね。これがけっこう釣れた魚のことですか」と僕が言ったのに対して、雨コートの男が「えっ、これアマゴとちゃいますんか」と聞き直してきたのである。なんと、彼らは無数に釣れるアブラハヤをアマゴと思って釣っていたらしいのだ。

あまりの無知ぶりに、思わず「長生きしてくださいよ」と、心のなかで言いながらも、僕たちは三滝から上を釣らしてもらいたい旨を連中にお願いした。

どうせ連中の装備では滝を登ることなどできそうもないだろう。彼らは快く僕たちに釣り場を譲ってくれた。

＊

三滝はその名のとおり三段になった滝で、最初のF1が一〇メートルだが、左岸から楽勝に巻ける。次は右岸、さらにF3は再び左岸側を巻く。滝の巻きにはすべて明瞭な巻き道がついていて、ほとんどなんの心配もなく上流に行ける。

次の巴滝（一〇メートル）にも巻き道があり「なんだ、これが天下の大杉谷か」と言いたくなるほど遡行はやさしい。そのうえ、情けないくらいアマゴが釣れないのである。

手つかずの釣り場なんてだれが言ったんだろうか。とんでもない話で、巴滝までの間を四人で釣り上がっていくが、だれも釣れないのである。釣れてくるのはアブラハヤばかりで、こいつの濃さといったらものすごいものだった。

前日の偵察でアマゴの姿を見ていなければ、僕たちはこの谿に渓流魚が棲むということを信じなかったかもしれない。そのくらい釣れないのである。しかし、水のきれいさは抜群である。四、五メートルはありそうな大きな淵の底石まではっきりと見える。すごい透明感があるのだ。

こんなきれいな谿に以前はたくさんのアマゴが遊弋《ゆうよく》していたのだろう。しかし、いつの時代からアブラハヤだけの谿になってしまったのだろうか。

僕は昨日、林道を走っているとき見た無残に伐採された禿山を思い出していた。大杉谷の周囲だけを残して、谿から見えない部分はまる裸になっている。こうした所業が、魚に悪影響を与えないはずはないのである。

そして、これは僕たちも恩恵をこうむったのだから、言う筋合いではないのかもしれないが、林道ができたおかげで、たくさんの人が押し寄せて、この谿の魚を釣りきってしまったのかもしれない。開発の激しい波は、この高地の谿をもきれいに洗い流そうとしているのだった。

しかし、巴滝の滝壺で、栗田君がついに最初のアマゴを釣った。二六センチのなかなかの型で、昨日見た魚と同じように背中まで赤い斑点があった。幅の広い典型的な天然魚の姿をしている。

この魚を見たとたんに僕たちは、再び元気を取りもどした。なにしろ、朝一番の失敗で堂倉谷へ入渓できなかったうえに、西谷がすっかり場荒れしているというダブルパンチで希望を喪失しつつあったからである。

巴滝を左岸から巻き、滝上に出ると、僕の竿にも一尾きた。栗田君の魚に比べるとだいぶ落ちるが、それでも二二センチくらいはある。この魚は大きな淵のようなところではなく、だれもが見逃すような小さなポイントから出た。

そのため、これ以後、僕たちはそうしたつまらないサオ抜けのような場所ばかり狙っていく。天下の大杉谷まで来て、こんなポイントばかり狙わなければならないなんて、情けないかぎりである。しかし、そうでないと釣れないのである。魚影の薄さはおおい隠しようもないくらいで、二段の夫婦滝までにさらに僕が一尾追加し、滝壺で川崎、江川両君が一尾ずつというお粗末きわまりない釣果を得たところで、この日の釣りはおしまいとなってしまった。

夫婦滝の上はさしたる悪場もなく上流の林道に突き上げてしまい、釣り場としての価値はなくなるからだ。その日、僕たちのテントへ引き上げる足取りが重かったのはいうまでもない。

わるいことには引き返すころから雨が激しくなり、テントに着いたときにはずぶぬれになっていた。

その夜、僕も栗田君も、めずらしくビールをご相伴にあずかった。酒の味についてはこの歳になってもわからないが、このときのビールの味は苦く、僕の心に冷たく突き刺さるようだった。だが、その冷たさはともすれば沈みがちになる僕の気持ちをも洗い流してくれた。僕はアルコールの偉大な力について新たな認識を得たのだった。

*

翌朝、今日こそ堂倉谷へ入渓するぞ、と意気込んで起きてみると、谷は昨日からの雨でかなり増水していた。濁りも強く、昨日までのささやかな水の流れとは一変している。豪快な水の柱が三〇メートルの高さから落ちる堂倉滝を見て、僕たちは、今回の釣行が終わったことを理解した。

どうひいき目に見ても、この増水のなかを遡行することなどできそうもなかった。堂倉谷は危険なまでに激しい轟音を響かせて、僕たちに警告を発していた。そして、昨日まであれほど簡単に行けた西谷の方もすでにその表情を変えていた。

僕たちの日程はまだ一日残っていたのだが、すでにこの地にとどまることの意味は失せていた。とすれば帰るしかない。僕たちは急いでテントをたたむと、堂倉小屋へ続く尾根道を登る支度にとりかかったのだった。

行きに背負った二箱分のビール缶はすべて空になっていたが、これを石で小さくつぶし、魚を入れるために持ってきた網に入れて、栗田君がザックの上に縛りつけた。異様にたくさんのビールの空き缶を背負う栗田君の姿は、彼の地下足袋に白いヘルメット姿とじつによく似合った。

すなわち、山のゴミを集めている営林署の職員のように見えるのだ。その証拠に登山道を登っていく彼の姿を見て、ほかのハイカーたちが、いちように「ご苦労さまです」と声をかけてくるのである。

この辺りに来るハイカーたちは、渓流釣り師や沢屋が地下足袋にヘルメットを着用するなんて考えもしないのである。「おれたちだって山屋のはしくれだぞ」とがんばってみたものの、赤や黄色の派手なヤッケを着た人たちが、栗田君のビールの空き缶を見て次々と「ご苦労さま」を言ってくるのだ。これにはさすがに苦笑してしまった。

そうして、ようやく僕たちは車の所までもどることができた。雨はまだ激しく降り続いている。僕たちの体は汗と雨で全身がぬれねずみになっていた。こうなれば、早く着替えて長島温泉にでも行って、お茶を濁すしかない。

ところが、最後になってまた問題が発生した。栗田君がスカイラインのセルモーターを回したところ、うんともすんともいわないのである。ついに恐れていた事態がやってきた。スカイラインが故障したのだ。

僕たちは車のボンネットを開け、不安気に中を調べる。といってもだれも車のことをよく知っているわけではない。開けたところでどうにもしようがないのである。結局、呆然と立ち尽くすしか芸のない無能な三人を前に、栗田君だけがしつこくセルモーターを回している。すると、幸運というか奇跡というか、不意にエンジンがかかったのである。

エンジンはいつまた回転が止まるかわからないほど弱々しいものだった。僕たちはそれが再び停止することのないようにだましだまし運転し、一目散に東京へもどったのだった。もちろん、長島温泉でのんびりするなどということもなしにである。なぜなら、一度エンジンを止めたら、再びそれがかかる保証などないと信じていたからだ。

栗田君のスカイラインは東京にもどった直後に廃車になった。彼の車は、一六〇〇キロもの長い道程を必死で持ちこたえるという大任を最後に果たしてその花道を終えたのだった。

日本アルプスの脊梁山脈を越えて
大イワナの世界へ

富山県黒部川支流・北又谷
（昭和五十三年八月）

昭和五十三年八月十二日、僕は早朝の小滝駅前に立っていた。まだ六時前というのに、早くも昇り始めた真夏の太陽の光がギラギラと輝き、駅前の小さな広場は容赦のない熱の放射によって燃え立つかのようだった。勤勉で早起きな人たちもさすがにこの暑さを避けて、家の中から出てこないのだろう。一番電車が過ぎた後の駅頭は、都会では考えられないようなひっそりとした静けさのなかにあった。

昨夜、二一時四九分発の急行能登で東京を発ってきたのだが、折からのお盆の帰省ラッシュと重なって、列車の中は非常に混雑をしていた。幸い、多少早めに来て並んだおかげで、なんとか座ることだけはできたけれど、シートの間まで人が押されて入ってくる状況では、落ち着いて眠ることもできないほどひどかった。

座席を取れなかった人たちは何時間もの間、満員電車のすしづめ状態にじっと耐えていた。列車が揺れるたびに右に左に押し倒される人たちを見ると、自分も含めて働く人の置かれた悲しい現実を思ってしまった。なぜ、別な時期に休みを取れないのか、どうして、同じ日に同じ所へいっせいに出かけようとするのだろうか。

北陸本線の糸魚川駅に着いたところで、僕はようやく混雑から解放された。糸魚川駅で降りた乗客はわずかで、閑散としたホームはさきほどまで乗っていた満員電車とはあまりにも落差がありすぎた。あれほどまでいた人たちはいったいどこまで行くのだろうか、不思議なくらいここでは人がいないのである。

都会の雑踏をそのまま運び込んできた列車は、僕を残してあたふたと走り去っていった。それからしばらくして大糸線の始発電車が出たが、乗客は僕を含めて一〇人くらいしかいない。電車はのどかに発車すると、姫川沿いに走り、まもなく小滝駅に到着したのであるが、その間、嘘みたいに静かな世界が僕の周囲には広がりつつあったのである。

＊

僕はこの小滝駅で大阪からやってくる川崎君を待っていた。前に書いた大台ガ原釣行と同じく、彼が住んでいる大阪と東京の中間点付近での釣りをしようということで、ふたりが落ち合うのにちょうどいいこの小滝駅で待ち合わせることにしたのである。

僕たちの行く先は黒部川の大支流・黒薙川北又谷《くろなぎがわきたまただん》である。今回はこの名だたる険谷を小滝側から山越えしていこうというのだ。それには大阪から乗ってきた川崎君の車がおおいに役に立つのである。僕たちは小滝川沿いの道を車で行けるだけ進み、最後は山越えして、隣の富山県側へ降りるという釣行計画をたてていたからである。

黒薙川北又谷は今でこそかなり有名になっているが、まだこのころは、ごく一部の人にしか知られていなかった。黒薙川は、黒部川でも比較的下流で合流し、その流れる方向が北から南、すなわち黒部川本流とは逆の方向に流れていたため、ここがちょうど地図の端にあたり、人に知られにくかったことと、黒部川本流があまりにも有名になりすぎたことなどから、これまで見落とされてきた谿だったのである。しかし、当時でも知る人ぞ知る谿であったのだ。

この黒薙川には北又谷と並んで、柳又谷というふたつの大きな支流があり、両方の谿はそれぞれが強烈なゴルジュを構成していて、下流部からの完全遡行をむずかしいものにしていた。このため、一部の先鋭的な源流釣り師や、沢登りの人たちは早くから注目していたのである。

僕が北又谷のことを初めて知ったのは、東京渓流釣人倶楽部の佐々木一男さんからである。佐々木さんはかつてこの谿をめざし、旧魚止め滝手前のゴルジュ帯が始まる長瀞付近で、転落事故を起こして、大怪我をした経験がある。

何度か佐々木さんと釣行した折りに「北又谷はものすごくけわしいけれど、でかいのがいる。しかし、あそこは危険だ。釣り人というよりは登山家の領域だから近づかないほうがいい」という言葉を聞いていた。

佐々木さんから北又谷のことを聞いてから、かなりの時間が経過していた。この間、むろん何度かこの谿の攻略法を考えていた。古い沢登りの記録はあっても、釣りの記

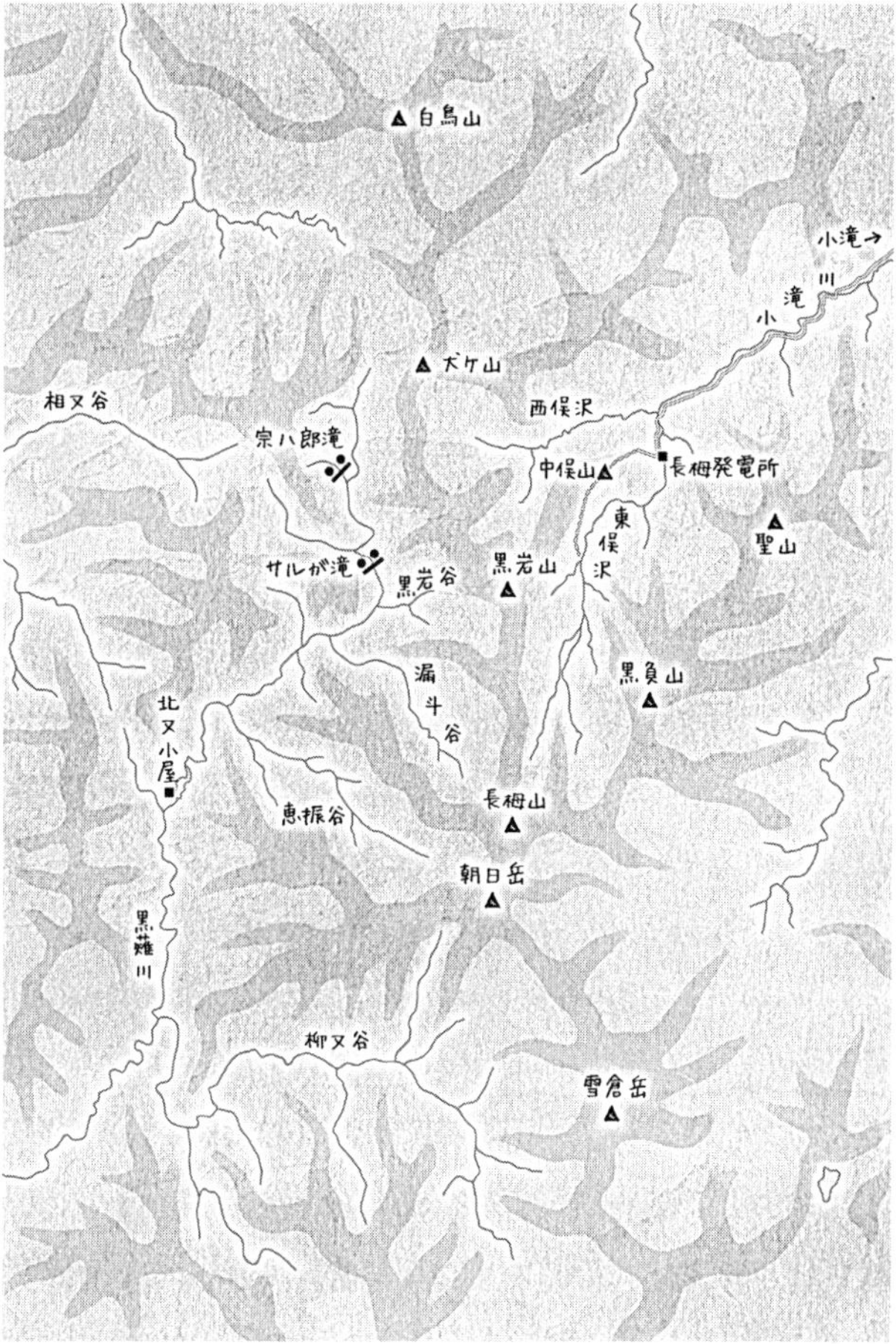
白鳥山
小滝→
小滝川
犬ケ山
西俣沢
相又谷
宗八郎滝
中俣山
長栂発電所
東俣沢
聖山
サルが滝
黒岩谷
黒岩山
漏斗谷
黒負山
北又小屋
長栂山
恵振谷
朝日岳
黒薙川
柳又谷
雪倉岳

録は見当たらなかったため、僕はこの谿の遡行計画をたてるのにずいぶん回り道をし、時間を浪費してしまったのである。

僕は谿のけわしさから、これをまともに遡行するには、少なくとも一週間以上の日程が必要であると想像していた。だが、短い休暇しか取れない僕にとってはそれはたいへんむずかしい注文であった。それだけの休みは取れそうもなかったからである。しかし、短い日程で北又谷を攻略できるルートを、川崎君が見つけてくれたのである。それが、今回使う小滝ルートであった。これは、長野県側から日本アルプスの脊梁山脈を越えて富山県側に下降することで、北又谷の最もけわしい下流地帯をショートカットするという、なかなかうまいルートであった。

実際にはもうひとつ、富山県の小川谷から山越えで入るルートもあったのだが、これはあまりにも上流に出すぎて、釣りをする区間が少なすぎるという理由で、僕たちの計画からは選択されなかった。

いずれにしても、佐々木さんの不肖の弟子である僕は彼の忠告を無視して、この北又谷をめざそうとしていたのである。

＊

川崎君との待ち合わせ時間は午前六時半である。彼がやってくるまで三〇分の時間があった。だが、前回の大台ガ原・名古屋駅待ち合わせ事件の教訓から、お盆の渋滞によって川崎君の到着はかなり遅れるのではないかと予測していた。

しかし、いつものごとを正確に処理する川崎君は、きっちり六時半に、暑く熱せられた小滝駅前の広場にやってきたのである。彼のブルーバードが近づくと、そこからにこやかな笑顔が見えていた。大阪からの長いドライブの疲れも見せず、川崎君は元気そのものである。

僕たちは短い挨拶の後、ただちに小滝川沿いの林道に車を乗り入れた。すでに食料などは川崎君が購入しており、小滝にとどまる理由はなにもないからだ。僕たちは、今日中に日本アルプスから続く脊梁山脈を越えて、富山県側へ下降しなければならないのである。時間は貴重であり、行動は迅速にする必要があるのだ。

しかも今日のコースは、日本アルプスの脊梁山脈を越えるものであるから、その登りはかなりきついことが予想された。地図で見ると、小滝林道は山越えの取付点である中俣新道の所まで続いている。中俣新道そのものの距離はたいしたことはなさそうである。高度差はすごくあるけれど、林道の終点まで車で行って新道に取り付けば、なんとか稜線まで登ることができるだろう、と僕は楽観的に考えていたのである。

だが、僕たちの計画は、山越えを開始する直前まで林道がついていて車が入れるということが前提である。そこまで車が行けなければ、行程はえらく長いものになってしまう。林道は本当に車が走れるほど整備されているのだろうか。僕たちはそれについてのはっきりした情報を持ち合わせてはいなかったのである。

そして、その恐れていたことが現実に起こってきたのである。小滝林道に入ってしばらく行ったところで、車の進入を防ぐゲートが出現したのだ。それは岩登りで有名な明星山の大岩壁を過ぎた、発電所の所にあった。ゲートはしっかりした金属製で、一般車両はこれより先、通行禁止との看板がある。車は行かれないようになっていたのである。

これは僕たちにとって大きな誤算だった。地図上の判断では中俣新道の取付まで簡単に行けると思っていたのが、ゲートのために歩いていくしか方法がないのである。地図から判断して取付まで歩けば、二時間はよけいにかかるだろう。でも、北又に入りたければ車を置いて歩くしかないのだ。

こうしたことも自然保護という面から見れば仕方のないことだろう。考え方を変えれば、中俣新道まで立派な林道がついているだけでもましである。昔の人はこんな道もなしに川通しに歩いていったのだから。くよくよしても始まらない。僕たちはそう思ってさっさとパッキングをすると、ここから林道歩きを開始したのである。

ところが、歩き始めてすぐに、僕たちはとんでもないものに出会ってしまったのだ。メジロアブである。ブンブンという羽音をたてて、黒い小さなハエみたいなメジロアブが、最初は数匹、いくらか控えめに飛んできて、僕たちの周りを旋回した。

＊

いやな予感がしたが、そのアブを振り払う前に、もう僕たちの前にはものすごい状況が展開していた。最初のアブの出現からものの三〇秒もしないうちに、僕たちの周囲に数百匹はいると思われるアブの軍団が襲来してきたのである。

メジロアブでは以前にも何度かひどいめに遭っている。猿田川へ行ったときはタクシーを降りたとたんに襲われたし、銀山湖でも、全身に刺し傷ができるほどのひどい襲撃を受けたことがある。

渓流にはクマやマムシといった危険な動物がいるが、これらに出会うことはあまりない。ところが、メジロアブは本州から北海道まで、かなりの広い地域にいて、とくに八月には出会う確率が非常に高いのである。こうした場合、ただちに車などに逃げ込むしか方法はないのだが、今回は車にもどることはできなかった。車にもどるということは北又谷へは行かないということを意味するからである。

そして、五分もたつと状況はさらにわるくなってきた。大げさにいえば、アブは僕の頭上にまっ黒になるくらい固まっていて、太陽の光が遮られるほどだった。ほら吹き男爵みたいな話だけど、これが本当なのだ。

汗かきの僕に対して川崎君はやせていて、汗をあまりかかない。アブは汗の臭いが好きなのか、大群のほとんどが僕のほうに集中してきて、汗でぬれたTシャツの上からチクチクと刺し始めた。

僕は襲ってくるアブを追い払うために、最初は葉っぱつきの木の枝を振り回した。しかし、これでは間に合わず、最後はタオルをぬらして体の周囲をぶんぶん振り回すことにした。一回タオルを振ると、バチバチとアブが当たる音がして、何匹ものアブがパラパラと地面に落ちていくさまはなかなか爽快なものである。

これはちょうど、映画やテレビなどで、戦闘機が空中戦で敵機を撃墜したときのような快感がある。バラバラと落ちていくのを見ると、「ヤッター」という気持ちになるのだ。でも、撃墜の快感も何度も続くと、疲労以外のなにものでもなくなってしまう。それに数十匹くらいのアブを叩き落としたところで、大勢にはなんの影響もないのだ。

やつらは手薄になった僕の背中や、ニッカーズボンとストッキングとのわずかなすき間など、ちょっと油断した瞬間、スキのある所を次々と刺してくる。このため、僕は前からくるヤツをタオルで叩き落とすとともに、三〇秒に一度くらいはこうしたところにも注意をはらわなければならない。

片手でタオルを振りながら、もう一方の手でアブがたかっているTシャツやズボンの部分を叩くのである。すると掌にグチャッというアブがつぶれる感触がして、これまた一度に一〇匹近いアブがつぶされて落ちていく。

これは、うるさいヤブ蚊をうまく叩きつぶしたときの快感に似ている。とにかくアブが憎らしくて仕方がないから、やつらがつぶれて落ちていくのを見るのは最高に気持ちがいいのだ。自虐的な楽しみがあるといってもいいだろう。

しかし、これがいつまでも続くとなると話は別である。昨夜の満員列車もひどかったが、このアブのすごさに比べればものの数ではない。今の状況はまるで地獄にいるような心境なのだ。

むろん、周囲の景色を見るとか、山登りを楽しむといった余裕などどこにもない。半分気が狂いそうになりながら、僕たちは一時間半歩き通して、中俣新道の取付点に着いたのだった。とにかく早く逃げたいから、普通なら二時間以上かかる道のりを走るようにして歩き通したのである。

それにしてもこんなにたくさんのアブはいったいどこまでいるのだろうか。たとえ北又谷に行ったとしても、向こうでも同じ状況ならアブがうるさくて釣りにならないのではないだろうか。

＊

だが、僕の心配は杞憂《きゆう》に終わった。小滝川が東俣沢と西俣沢とのふたつに分かれるところにある中俣新道の登りに取りかかると、しだいにアブは少なくなり、しばらくすると一匹もいなくなったからだ。僕は昆虫の専門家ではないからアブの生態は知らないが、連中の発生は川の標高や水温、気温とかなり密接に関係しているのではないだろうか。稜線に達すると、アブはいなくなってしまったのである。しかし、稜線を越えて北又谷に下りれば標高が低くなるから、またアブ騒動が再来するかもしれないが。

だが、アブがいなくなり、久しぶりに快適な山登りができると思ったのも束の間だった。僕は今回の釣行のメインはこの山越えの成否にかかっているとみていたので、これのクリアーに全力を注いでいた。とくに足回りやザック、荷物の量管理などに気を配っていた。そして、ヤバイ登りになるだろうからしっかりした登山靴が必要だと思い、イタリア製の登山靴を新調していたのである。ところが、この靴がネックとなったのだ。

昔、盛んに山を登っていたころは山幸や石井スポーツで作った登山靴を履いていたが、釣り師になってからはどこでも渓流足袋で押し通していた。たいていのところはこれで充分通用したからである。しかし、今回はまがりなりにも日本アルプスの脊梁山脈を越えるのだから渓流足袋ではまずい、本格的な登山靴が必要と思い、新しい登山靴を履いてきたのである。

だが、こいつがたいへん困った代物だったのである。渓流足袋に比べて、登山靴というのはかなり重たい。片方だけで一キロ以上の重さはあるだろう。したがって、僕は荷物のほかに二キロ強の重さのものを稜線まで持ち上げていかなければならないのである。

アブに追われて一時間半、走るように歩いた後の僕にとってこれはかなりの負担だった。靴が重くて足が持ち上げられないのである。そのうえ、登山靴を履きなれないからたいへん歩きにくいのである。僕は荷物の重さと靴の重さ、それに足にできたいくつものマメによって、たちまちへばってしまった。

地図を見るとまだ道は遠かった。頂上ははるか先の方に霞んでいるようで見えない。そして、釣り場はあの山の向こう側にしかないのである。

僕は自分の置かれた状況を素早く判断した。急速にへばっていく体で稜線を越えるには荷物を軽くするしかない。肥満児は減量するしかないのである。だが、持参した荷物は北又谷に行ってから必要なものばかりを厳選してきている。減らす荷物などないのだ。

そのなかでただひとつだけじゃまなものがあった。それはさん然と輝く例のイタリア製の登山靴である。こいつは新しくて美しいけれど、足にマメを作るわ、重くて足が持ち上がらないわで、とてもじゃまな代物となっていた。第一に登山靴がなくなれば、ザックに入っている渓流足袋が取り出せるからそれだけ荷物も軽くなるのである。

僕は一瞬「もったいない」と思ったが、背に腹は代えられない。登山靴を渓流足袋に履き替え、靴を登山道のわきにそろえて置いた。後から登ってきた登山者は、真新しい登山靴がきれいに並べて置かれているのを見て、変に思うかもしれないが、とにかくそれは後の人に差し上げることにして、足袋に履き替えたのである。

長い間渓流足袋だけで歩いてきたせいか、足袋を履くと体がピシッとするから不思議である。山仕事の人が地下足袋を好むように、僕もいつしか足袋しか受けつけなくなっていたのである。というより、一般登山道を歩く程度なら、登山靴より渓流足袋のほうがはるかに歩きやすいということなのだ。それだけ、日本の釣り具はよくなっていたのである。

渓流足袋に履き替えた直後は生き返るような気がした。しかし、山越えは基本的には体力の問題であり、いくら足元がよくなっても、体力が衰えている三〇代後半の僕にとって、これはきわめてきつい作業だった。実際、このときの登りは自分の釣行の歴史のなかでも一二を争うほど厳しいものだった。僕は中俣新道の急坂をへとへとになりながらも必死に登り続け、六時間後にようやく黒岩山の頂上にたどり着いたのである。

＊

それだけに、頂上に着いたときの気持ちはなんともいえないものがあった。喜びもむろんあったが、それより、もう登りはないのだ、という安心感のほうがはるかに強かった。頂上からはハイマツの植生が広がり、その先の方に、北又谷の深い切れ込みが見えていた。この稜線の向こう側に降った雨水は、北又谷を経て、黒薙川から黒部川へと流れていくのだ。

僕たちは頂上で長い休憩を取った後、しばらく稜線沿いに栂海《つがみ》新道を犬ガ岳方面（北方向）に歩き、黒岩谷ノ頭と思われるコルの部分から、ハイマツ帯のなかに飛び込んだ。背が低く生えるハイマツ帯は意外に歩きにくく、足を取られやすい。しかし、今度は下りだから体を下の方に放り出すようにすれば、どんどん下っていける。体力の消耗度が全然違うのである。

しばらくしてハイマツは灌木帯に変わり、凹み状の地形は明瞭な沢となり、滝が現われ、水が流れる本格的な沢となった。僕の地図の読みが間違っていなければ、これは北又谷の支流である黒岩谷のはずである。

だが、この下りがまた、想像以上に長いのである。急な下り坂だというのに、なんと二時間半もかかってようやく北又谷との出合に到達したのだった。

黒岩谷出合付近の両岸は狭くはなっているが、危険な場所ではない。下流部の強烈なゴルジュ帯からは守られた、一種のエアーポケットのような場所となっているのである。下流のけわしいところからみるととても渓相の静かなところで、テントを張るスペースさえあった。

しかし、今回、このテント場には、下から沢登りをしてきた関西のグループがすでに設営していた。そこで、僕たちは出合からさらに五〇メートルほど上流に登った狭い砂地に、どうにかツエルトを張るしか方法がなかった。

ここにやってくるには、前にも書いたように下流のゴルジュ帯をまともに突破してくるか、僕たちみたいに山越えで来るしかない。いずれにしてもかなりきついアプローチが必要であり、普通の釣り人が簡単に来れる場所ではないはずである。僕はこうしたことから、北又谷で釣りをする人などほとんどいないから、手つかずの釣り場が残っていると、淡い期待をもってやってきたのである。

だが、こうした源流においてさえ場所取りが必要な時代になってきていたのである。とりあえず僕たちは新参者だから、先着者に挨拶をしてから、黒岩谷より下流を偵察に行かせてもらう。どうやら彼らは沢登りが中心で、釣りはやらないらしい。同じ釣り人なら沢割りに苦労しなければならないが、彼らが僕たちの競争相手とはなりそうもないのは救いだった。

しかし、こんな場所までやってきて、釣り場の心配をしなければならないというのも、情けないことである。これも、やはり時代だからだろうか。

黒岩谷出合から下流は非常に暗い廊下帯で、遡行はむずかしそうである。イワナ釣りのポイントとしては大場所の連続であり、いかにも大型が潜んでいそうな渓相をしていたが、僕が心配したとおり魚影はあまり濃くない。しかし、それでも、釣れるイワナの型はよく、尺前後のものが多かった。

三〇分ほど釣り下ったところでまったく行かれない「通らず」となってしまったので、ここで納竿。ベースにもどる。帰りしなに、出合にいる関西の沢登りグループを見ると、焚き火を起こして遡行でぬれた衣類を乾かしていた。連中は三人のパーティで、新鮮な食料にも事欠いているようなので、さっきキープした四尾のうちの二尾のイワナを進呈することにした。

すると、思いがけない差し入れに彼らは大感激で、お礼に果物の缶詰などをこちらにくれた。これは僕たちにとってもありがたいプレゼントだった。僕たちは缶詰を持ち込むことを重さの関係であきらめていたからだ。こんなおいしいものが山で食べられるのだから、うれしいかぎりである。

僕は「山でうまい飯が食いたいなんていうやつはとんでもない」という主張をもっている。「男が料理のことまで口にするのは女々《めめ》しいし、山で手の込んだ料理を作ればゴミを増やすだけである。うまい料理が食いたければ町のコックに頼めばいいのだ。男は女房が作った料理を黙って食えばいい」というのが僕の基本的な姿勢であり、これに従って山では粗食を押し通している。しかし、さすがにこうした誘惑には勝てない。このときはツエルトにもどると、ふたりでペロリと食べてしまった。

＊

翌朝、僕たちは早めに出発した。出発が遅いと沢登り組が先に遡行することになり、釣りにならないからだ。彼らの出発時間は八時くらいと聞き、それまでに吹沢谷までは釣り上がりたい。そのためには、どうしても四時には釣りを開始しなければならないのである。

疲れた体に早起きはきつかったが、僕たちは午前三時に起床し、四時には出発した。しかし、前日確認したようにしばらくは魚が釣れない。黒岩谷の出合付近はここで野営する登山者たちにしっかりと釣られているのだろう。

だが、しばらくするとボチボチとイワナが釣れ始めてきた。釣り荒れているのはベースの付近だけで、少し離れるとまだ昔の姿を保った釣り場が残されていたのである。下流とは対照的に歩きやすい渓相で、釣りのピッチも上がってくる。ただし、型はイマイチで、尺物は釣れてはこない。

やがてサルガ滝と呼ばれる滝が現われた。この滝壺はいかにも大物がいそうで、待望の尺物の可能性があるように見えたが、アタリはない。おそらく下流から遡行してきた登山者が最初に休む場所のため、この滝壺がすでにたくさんの登山者によって釣りきられてしまっているのではないだろうか。

昨年の大台ガ原と同じように「大場所」、いかにも魚がいそうに見える「絶好のポイント」は、逆に荒れていて魚はいないのである。しかし、サルガ滝を越えると、魚の数は俄然多くなった。源流本来のような釣りが展開しだしたのである。

滝を左岸側から巻き、さらに上流に釣り上がっていくと、右岸から一本の沢が入ってきた。吹沢谷である。谷（この地方では谷のことをタンと呼ぶ）という名前がついているが、それほど大げさな規模ではなく、ちょっとした小沢である。しかし、この沢は山向こうの富山県小川谷の相又谷から山越えしてくるときの下降ルートであり、北又谷の上流へ入る重要なコースとなっている。

以前聞いた話では、旧魚止め滝から上流のイワナはこの吹沢谷経由で、小川谷のイワナを運んで放流しているくらいだから、この谿はかなり人が歩いているのかもしれない。

吹沢谷の出合はなんとも特徴のない場所だが、そろそろ沢登り組が来る時間なので、とりあえずこの沢に入渓してみることにした。この沢を釣っている間に沢登り組をやり過ごす作戦をたてたのである。

吹沢谷はとりとめのない平川であるが、魚影はすこぶる濃かった。ポイントごとに魚が釣れてくるのである。人がたくさん歩いているわりには、魚は多いのだ。しかし、型は思ったほどよくない。一尾だけ三六センチの良型が出たが、後は尺をわずかに切った二八センチくらいのイワナが、そろえたように釣れてくるのである。

東京近郊の釣り場ならこんなサイズでもうれしいが、苦労して北又谷まで来たにしては、この釣果は不満である。

吹沢谷はどこまで行っても平川で、魚もいる。魚止めがない感じで、おそらく水がチョロチョロになるところまで魚はいるのではないだろうか。僕たちはそうとう上流まで釣り上がったが、残念ながらここで尺物は例の一尾だけで、後はついに出なかった。魚が多すぎて大きく育たないのかもしれないのである。

*

翌日、今度は本流にもどって、吹沢谷より上流をめざした。吹沢谷出合から魚止め滝（？）である宗八郎滝までが、北又谷の本命場所であるからだ。

この日、同行の川崎君は大物に備えてルアー、僕は餌で攻めていく。吹沢谷出合から上は、期待していたように尺物がそろってきた。出合から上は多少渓相がよくなってきた分、登山者も遡行に精を出して釣りをしないのだろう。魚影も型も充分満足するようなものが出てきたのである。

谿はいつもの顔を取りもどしてきていた。宗八郎滝までの間に尺物が五、六尾混じったのである。また、川崎君のルアーにもいい型が出始めた。しかし、期待していた四〇センチオーバーの大イワナはついに不発であった。

宗八郎滝は三段になっていて、この滝壺もサルガ滝と同じくいい壺を構成していたが、三十二、三センチくらいのイワナを二尾掛けただけで、あとは沈黙してしまった。

川崎君は左岸側に立ってしぶとくルアーを投げているが、アタリはない。

壺の大きさからこんなものではないはずだが、やはり大場所はほかの人に釣られてしまっているのかもしれない。

滝の巻きは最初左岸側を登り、最後の落ち口は左（右岸側）を行くのだが、この最後の所がちょっといやなへずりになっている。といってもたいしてむずかしいへずりではない。少し体をかがむようにすれば、乗り越えられる程度のものである。

ところで、北又谷の魚止めがどこかという問題について、僕たちは明確な回答をもっていなかった。水量から見て、魚止めはもっと奥にあると思っていたのだが、この宗八郎滝を過ぎると、急にアタリが跡絶えてしまったのである。

僕たちはこの滝から約一キロほど上流まで釣り上がったが、ついに一度もアタリがなかったので、この宗八郎滝を魚止めと断定したのである。だが、後日、別な人がこの北又谷をつめて稜線まで行った遡行記を読むと、たしかに上の方でもイワナが釣れていたのである。

ではなぜ僕たちには釣れなかったのか。不思議であるが、ただ、彼らの遡行記を読むと、魚が釣れたのは宗八郎滝からそうとう上流に行った所であり、その中間部で魚が釣れているのかどうかは不明なのだ。

いずれにしても、彼らの遡行は僕たちよりも何年も後のことであり、もしかしたらその後に滝の上に新たに放された魚（もともと、宗八郎滝から下の魚も放流されたものだから）であるかもしれないし、あるいは僕たちが行ったときは、この区間がたまたまほかの人によって徹底的に釣りきられてしまっていたのかもしれない。

しかし、とにかく僕たちは宗八郎滝から上ではイワナを確認できないままベースにもどったのである。

＊

ツエルトが張ってあるベースにもどったのは二時ごろだった。まだ、時間も早いからと、僕たちはそれまで無視していた黒岩谷に入ることにした。ここは先日下降してきたときかなりの水量があり、魚はそうとう上流までいるように思えたからだ。

ところがこの黒岩谷がなんと穴場だったのである。小さな落ち込みが連続してくるところのすべてにイワナが入っていて、ポイントごとに釣れてくるのである。

それもみんな尺以上の大型なのだ。とくに出合から五〇メートルも入ったところで掛けたやつはデカくて、いきなりギュギュッと走り回り、最後に〇・六号のハリスをぶっちぎって逃げてしまった。黒岩谷は水量のわりに釣り場は短いが、わずかな距離の間に良型のイワナがつまっていたのだ。

皮肉にも、本流で得た釣果より黒岩谷の釣果のほうがはるかによかったのである。僕たちは先の方ばかり見つめていたが、パラダイスは足元にあったのだ。大物を求めて宗八郎滝の上の方まで一生懸命に遡行したのに、それより足元の沢にいい魚がいたのだ。

翌朝は小滝へもどる日であったが、僕は早起きして、再び黒岩谷を攻めた。昨日糸を切られたやつをなんとしてでも釣らないと、気が治まらなかったからである。川崎君にも「一緒に行こう」と誘うが、彼はもう満足したのか「白石さんだけ行ってください。僕は寝てます」と言って、シュラフから出てこない。

仕方がないから、僕ひとりで黒岩谷に入っていく。昨日、けっこうみっちり釣ったため多少型はわるくなっているが、まだイワナはよく釣れ続けていた。そして、昨日あの糸をぶっちぎったやつがいたポイントに来た。そこで僕はねばりにねばって、ついに逃げられたその魚を釣り上げたのである。

こいつの口の中には僕の〇・六号つきのハリが残っているはずなのだが、口の周囲にはなにもない。魚が釣れたポイントといい、引き方といい、昨日の魚に間違いはないはずなのに、ハリは残っていないようなのだ。やつはひと晩苦しんだ末にハリをなんとか吐き出したのかもしれないのである。

僕はその魚の体に指を当てて、おおよその長さを測ってから、リリースしてあげた。四五センチをわずかにきったその魚は、さきほどまで潜んでいた落ち込みのわきの方へ一目散に逃げていった。今日は山越えして帰る日なので、魚を持って帰るわけにもいかないし、ハリをはずそうとして必死になって泳ぎ回っていたやつの姿を想像したら、とてもキープする気にはなれなかったのである。

午前一〇時、僕たちは再び長く、つらい山越えを開始した。途中疲れて何度も弱音を吐いたが、そのつど、僕は口の中に刺さったハリをはずそうと必死に暴れる大イワナの苦しそうな姿を思い出しては、自分を鼓舞していた。

僕の想念のなかではそのイワナはすごい形相をしながら泳ぎ回り、ついにハリをはずすことに成功した。彼は銀色の金属片を吐き出した瞬間、歓喜の顔を僕の方に見せ、それから落ち込みわきの岩の下に悠然と逃げていくように僕には思えたのだった。

僕はそんなことを繰り返し繰り返し想像しながら、黒岩谷を三時間かけて稜線まで登り、それからまたとてつもなく長い中俣新道を下っていった。その行程は、苦しかったけれど楽しくもあった北又谷の大イワナの世界から、現実の社会への帰還でもあったのである。

やがて、遠く、下の方に人間が山肌を削り取って造った小滝林道が見えてきた。

あそこまで下れば、僕は大イワナの世界から現実の世界にもどることができるのである。僕の短かったイワナたちとの交わりの世界はまもなく閉じられるのだ。

そのとき、僕の周囲にはそれまですっかり忘れていたアブが一匹、静かな羽音をたてて接近してきていた。だが、僕はまだその存在と、その後に起こるであろう地獄のようなアブの襲撃については気づいてはいないのである。

飯豊の忘れられていた谿は
泳ぎの連続する険谷だった

新潟県飯豊山塊前川
（昭和五十三年九月）

東北の大イワナ釣り場の双璧といえば、朝日連峰と飯豊《いいで》山塊の渓流群であろう。いずれも日本屈指の豪雪地帯であり、最終集落から、奥が深いアプローチの長い釣り場が多い。イワナ釣り場としてはなるべくアプローチが長く、谿がけわしいほど有望である。そうした意味では、このふたつの山塊から流れ出る川は最高の条件を備えているわけで、ちょっとあげただけでも十指を超えるような名川がある。

飯豊、朝日連峰の谿は中部地方と違って落差はあまりない。しかし、深い雪によってひっきりなしに起こる雪崩と雪どけ水は岸辺の岩を削り、山の斜面の木々を削り取り、テラテラに光る不気味な岩壁を谷底から稜線まで一気に駆け登らせる。だから、川の水流はそれほど速くはないのに、次々と現われるゴルジュによって遡行はきわめてむずかしいものとなる。目の前に見えているような距離を通過するのに、半日要したなどということがあるのがこの地域の特徴である。

朝日連峰と飯豊山塊が長い間、世の中から忘れ去られ、太古から続く渓流魚の王国を保ち続けることができたのはこうした理由による。だが、そうした場所は僕のような源流釣り師にとって、願ってもないフィールドであった。ちょっと地図を広げただけで、この地域には胸がワクワクするような釣り場がゴロゴロ転がっていたからだ。

そうしたすごい谿がたくさんある飯豊、朝日連峰のなかでも、とくに飯豊山塊のほうは目立たず、地味な存在であった。そして、その地味な飯豊山塊のなかでも、南側に流れる実川の支流群として前川と隣の裏川はさらに目立たない谿であった。この二本の川は切り立った崖があるわけでもなく、目立たない渓流としてほとんど釣り人には注目されていなかったといっていい。あちらこちらの有望な渓流が場荒れしていくなかで、この二本の谿はまるで取り残されたかのようにひっそりと流れていたのである。

目立たないというか、知られていないということはなんらかの理由があるわけで、僕はその理由を知らなかった。なぜこの二本の谿に釣り人が押しかけないのか、そのわけを知らなかったのである。とにかく新しい釣り場の開拓に夢中になっていた僕は、これらの地域が人に注目されていないということだけにとらわれていたのだった。

当然のことながら、この二本の谿についての情報というのはほとんどなかった。ただ遡行が非常に困難ということだけは聞いていたが、どのように困難なのかは、実際にはよくわからなかったのである。だが、現場に行くに及んで、僕はその理由をたっぷりと教えていただくことになるのである。

＊

黒部川支流北又谷からもどった翌月、僕はかねての計画どおり、自分の大学の釣り部の後輩三人を連れてこの二本の川のひとつ、前川へ向かった。後輩連中はいずれも大学釣り部の渓流班に所属している。僕は彼らの川での遡行能力についてはよく知らなかったが、三面川や寸又川などの遡行経験があるというし、若いから体力も充分で、心配はいらないだろうと判断していた。三面川を遡行する能力があれば、少々の悪場は平気だろうと思ったのである。

　今回の待ち合わせ場所となった中央線の高円寺駅前に行くと、U君、N君、O君の三人がすでにパッキングした荷物を持って待っていた。彼らはいずれもまだ二〇歳そこそこの若者で、体力的には抜群である。彼らのような若い仲間がいれば安心だ。前回の北又谷のときのように、体力の限界を感じることなく、快適な遡行ができるのではないかと思った。若さというものは何人にも平等に与えられる特権であり、僕のようなすでに峠を越えた人間には、それは眩しいばかりの輝きをもっていたのである。

　翌朝、前川沿いの林道を進んでいくと、途中で橋が落ちている所に突き当たった。これ以上は車では行けないので、荷物をパッキングしなおしてここから徒歩で歩くことにする。地図を見ると中流部のベースとなる湯ノ島小屋までは四、五キロあり、一時間ほどで行けそうである。

　道は川の右岸に沿ってあり、足下の前川は九月だというのに水量豊かに流れていた。

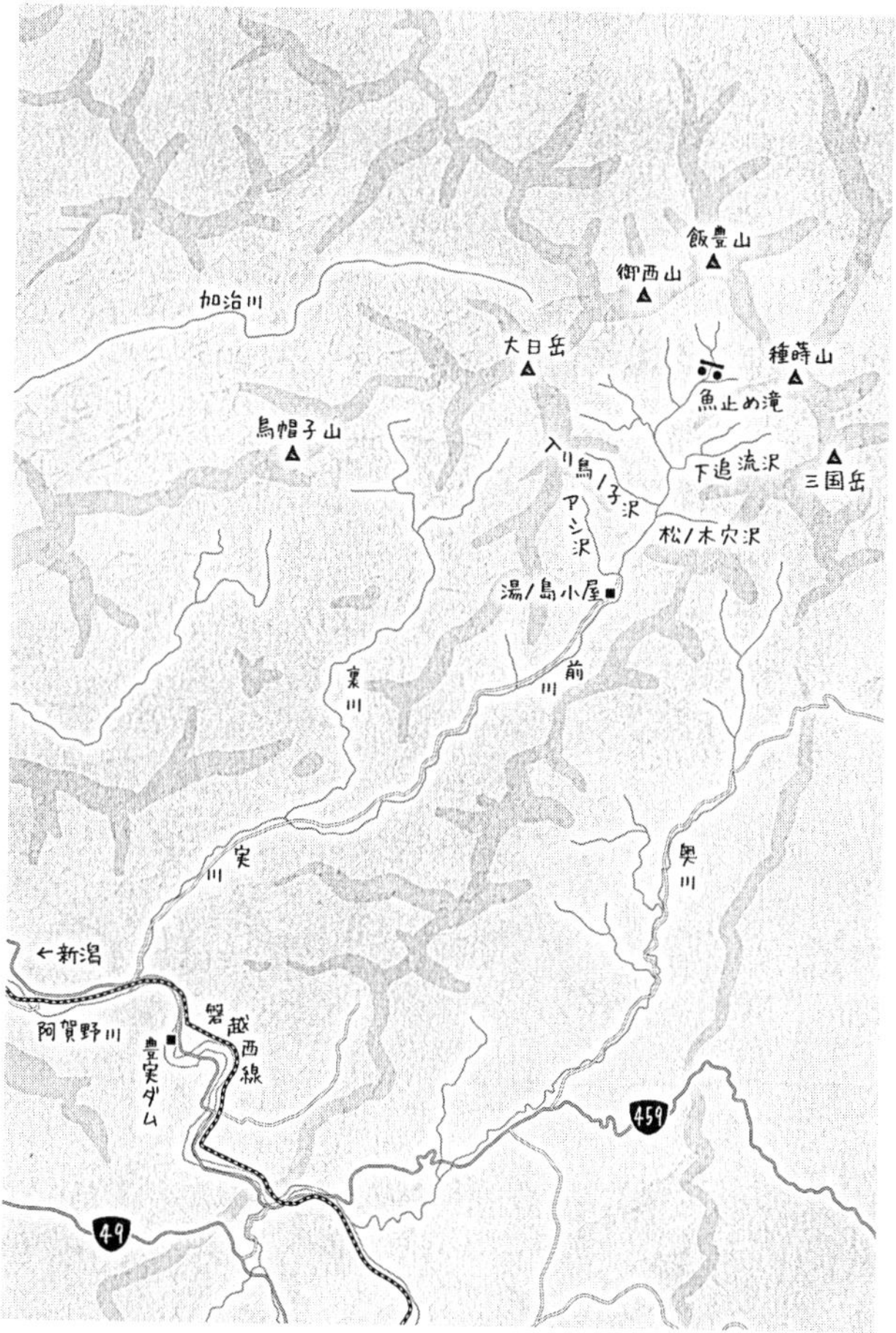
飯豊山
御西山
種蒔山
加治川
大日岳
魚止め滝
烏帽子山
入り烏ノ子沢
下追流沢
三国岳
アシ沢
松ノ木穴沢
湯ノ島小屋
東川
前川
実川
奥川
←新潟
阿賀野川
磐越西線
豊実ダム
459
49

やや白みをおびた水が滔々《とうとう》と流れるさまは、かなりの大川に見える。地図で判断していたときは、ごく普通の渓流と思っていたのだが、どうしてどうしてなかなかのものである。

道路の橋が壊れていなければもっと先まで車で行けたのだろうが、橋はかなり以前に壊れていたらしく、今シーズンに車が通った痕跡はない。それだけに車でチョイとやってきて、手軽に釣っていく人はいないから、場荒れはしていないかもしれない。僕たちにとっては歩く面倒はあっても、それは後々の楽しみに続く苦労であるから気にもならないのである。楽天的な気持ちで一時間ほど歩き、湯ノ島小屋に到着した。

小屋は上流部へのアタック基地として利用する人が多いのだろうか、小屋の中には魚を焼くための竹串や餌箱、そのほかの釣りの小道具が置かれていた。その様子から、僕は最初の予想に反して、実際には前川にそうとうの釣り人がやってきていると思わざるを得なかった。問題はこうした人たちがどの辺りまで釣りをしているかだ。小屋に置かれたものから推測するに、彼らはこの小屋に寝泊まりして奥へ入っているので、一日で行ける範囲は限られている。そして、その区間はおそらく釣りきられているのではないか、と僕たちは判断した。それを避けるためには彼らの足が届かない、もっと奥地へ行く必要があるのだ。

＊

湯ノ島小屋でもう一度態勢を整えてからいよいよ遡行を開始する。ここから本格的な遡行となるが、魚止め滝まで六キロくらいだから、八時間から一〇時間もあれば充分に行ける距離であろう。時間はまだ午前八時を少し過ぎただけである。このペースで行けば、今日中に魚止め滝まで行き着くかもしれない。僕はそんな期待を抱いていた。まだあまい夢を抱いていたのである。

小屋の先にあるアシ沢を渡って一キロくらいは右岸側に踏み跡があり、少々のヤブ漕ぎで楽勝に進める。「なーんだ、こんなんじゃ楽だ」と思っていると、しばらくして踏み跡がなくなった。右岸側は崖になっているので、左岸側に渡渉するしかないのである。

ところが、いざ渡渉しようとして僕たちは現実にハタと引きもどされてしまった。川はたいした渓相ではないのだが、水の量が多くて、とても普通の渡渉などできそうもないのである。

九月だから雪代がまだ残っているとはいえない。それにもかかわらず、前川はすごい水量が流れているのだ。渡渉をしようと足を踏み込むと、いきなり胸くらいまでの深さになってしまうし、少し沖に行けば、背が立ちそうもないくらい深い。また、中央部では水の勢いが激しいから、泳ぐにしても無理はできない。流されれば無事ではすみそうもない危険な流れなのである。

僕たちは杣道が終わったところから釣りを始めるつもりでいたが、出だしからいきなりザイルをつけて泳ぐという、厳しい状況に置かれてしまったのである。だが、僕たちはまだ先のことについては楽観的に考えていた。しかも歩き始めたばかりだから元気そのものである。

泳ぎはU君が得意だということで、彼がザイルをつけて最初に対岸へ泳ぎ着いた。若い彼は急な流れを巧みに泳ぎきると、対岸から僕たちをなかば荷物を引っ張るように引き寄せる。僕は、平泳ぎとも犬カキともいえないやり方で、水面に手足をばたつかせていた。すると向こう側に渡った若い連中がザイルをグングン引っ張ってくれるから、たちまち対岸に泳ぎ着くことができたのである。

やれやれ、最初からけっこうきつい歓迎ぶりである。こんなことだと先が思いやられそうだ。この後厳しい状況が展開するかもしれないが、それでもまだこの時点では僕たちは元気はつらつであった。渡渉はせいぜい数カ所ですむだろう、最初のところがいちばんわるいのだ、とあまい解釈をしていたのである。

悪場を乗っ越したので「さあ、釣りだ釣りだ」とばかり、僕たちは頭までズブぬれになったまま、ザックから竿を取り出すと、すぐさま釣りの準備に取りかかった。

　ところがほんの一〇メートルも行かないうちに、またまた先へ進めなくなってしまったのである。泳ぎ着いた側はちょっとしたゴルジュになっている。これが見た目は簡単そうでいて、なかなか行けそうもないのである。目の前の「通らず」を巻くか、対岸へ渡渉するかのどちらかを選ばねばならないのである。さっき泳いできた対岸が斜め下流に見えている。それの五〇メートルほど上流へもう一度渡ればあとは楽に行けそうにも見える。こんなことなら、最初のところで無理に泳がず巻けばよかったのかもしれない。しかし、下にいたときには上流は見えなかったのだから、判断ミスを今さら言っても仕方がない。とにかく、今の状況も前と同じで、強引に巻くか、対岸に渡るしかないのである。しかし、渡渉となるとまたザイルでアンザイレンして泳ぐしかない。とても歩いて渡れるほどの深さでも水量でもなかったからだ。

　結局、僕たちはそこも水泳の道を選んだ。巻きは面倒だし、どこまで高く登るのかわからなかったからだ。僕たちはしまったばかりのザイルを再び取り出して、おたがいの体を結ぶと、U君を先頭に、水量豊かな前川の本流を再び泳ぎ渡った。水温を測ると一三度。雪代にしては高すぎるが、僕たちのほてった体に水は刺すように冷たく感じられた。雪代でないのになぜこんなに水が多いのだろうか。とにかく前川の遡行はゴルジュの突破より、この膨大な水との闘いに終始しそうであるということがしだいに明らかになってきたのである。

そして、恐れていたように、対岸に泳ぎ着いた僕たちは、今度こそ釣りに没頭できるぞ、と思ったのも束の間、またしても裏切られてしまったのである。なんと、ものの五〇メートルも進まないうちに再び対岸への泳ぎとなってしまったのだ。

＊

僕たちはしばらく遡行を続けているうちに、なぜ前川が源流釣り師たちから見捨てられていたのか、その理由をしだいに理解し始めていた。川は特別けわしいわけではないから、遡行の楽しみという点では魅力に乏しい。そして、釣りを楽しむという点でも、ひんぱんな泳ぎがあるから満たされることがない。釣りというのはある程度広い場所で竿を伸ばし、ゆったりした気分で釣ってこそ楽しいものである。それが、竿をつないだと思ったらしまい、すぐまた取り出し、またしまうといったためまぐるしい場所では、面倒くさくて楽しみどころではないのである。

前川は釣り場としてはあまり芳しくないし、川を遡行するという面でも中途半端である。たとえば朝日連峰の三面川竹ノ沢のように、稜線まで続くけわしいゴルジュや滝が連続しているといった状況があれば、スリルもあって楽しいのだが、ゴルジュは切り立ってはいても、ほんの一〇メートルくらいで、おもしろくもなんともないのである。たんに渓流の水泳を楽しみたい人にはいいかもしれないが、釣り人にとっては労多くして功少なしなのだ。

何度かの泳ぎを経験して、僕たちはこの川の遡行法をしだいに学びとっていった。それは普通の川のように川底に下りて水際を歩くより、どちらかの岸に上がって、猛烈なヤブのなかを進むほうが効率がいいということである。川底に下りても、すぐに巻きか泳ぎになってしまう。それなら、いっそ、最初から下まで下りないでヤブ漕ぎをしたほうがいいのだ。東北の谿はこうした河岸段丘の発達したところが多く、段丘の上まで上がれば、あとはヤブはあるけれど平坦だから、なんとか歩いていけるのである。

前川の河岸段丘はとくにすごいヤブが連続していた。豪雪地帯特有の雪の重みで下向きになったヤブが発達していて、先へ進んでいくには猛烈なヤブ漕ぎをしなければならないのである。僕たち四人は、まるでジャングルを進む敗残兵のようになってヤブを漕ぎ続けていく。しかし、問題なのは、ときどき河岸段丘が切れて、急な崖に突き当たることだ。そのつど巻きとヤブ漕ぎの併用となる。たんなるヤブ漕ぎだけでもきついのに、これに高巻きが加わるとさらにひどい状況になるのである。

しかも、僕たちはその間、いっさい釣りはできないのだ。ただ、目の前にあるヤブと格闘しているだけだからいやになってしまう。「おれたちは釣りに来たんだ。こんなヤブ漕ぎやりに来たんじゃない」と言いつつも、とにかく手と足を縦横無尽に使って漕いでいくしかないのである。

すると、遡行の途中で、左岸側から小さな沢が一本流れ込んでくるのが見えた。これは入口からほんのわずかで滝になってしまう小さな沢である。地図を見ると、左岸側には松ノ木穴沢が大きな沢として書き示されているが、それにしては近すぎる。距離からいってもまだそこまでは遡行していないだろう。たぶん、この沢は松ノ木穴沢ではなく、名前もない小さな沢にすぎないのかもしれない。

しかし、釣りができないほどの水量ではない。滝までほんのわずかな距離だがイワナは充分にいそうである。それまで泳ぎと高巻きに終始していた僕たちには、この小さな沢がそれこそすばらしい釣り場のように見えたとしても不思議ではなかった。僕たちは、やっとまともな釣りができると思い、いそいそと竿を出すと、この沢に入っていったのである。

沢は、入口からすぐに滝でおしまいになる短いものだったが、この短い区間の間に、僕たちはそれぞれが尺上のイワナを数尾ずつ釣り上げることに成功したのである。本流は水が多すぎて釣りにならないが、沢は絶好の水量で、この最初の滝の壺にはそうとうのイワナが入っていたのだ。

魚の顔を拝んだ僕たちはようやく元気を取りもどした。このまま魚止め滝まで竿をいっさい出さないで前川の遡行は終わってしまうのではないか、という心配はとりあえず杞憂ですんだ。しかし、釣りとしてはじつに不満である。魚は釣れたとはいえ、肝心の本流では全然竿が出せていないからだ。

だが、河岸のヤブ歩きもついに限界にゆき着いた。右岸側から入ってくる沢（後でこの沢は入り鳥ノ子沢と判明した）の所で、雪渓に行く手を遮られたのである。雪渓はこの沢をおおっているが、いわゆるベルクシュルントと呼ばれる状態で、向こう岸との間の雪が溶けてすき間が開いている。雪渓の高さは一〇メートルくらいで、沢の対岸の壁との間に垂直に切れ込んでいるため、雪渓の上から対岸へ行くことができないのである。

それには、なんとか雪渓からいったん沢底に下りていかなければならないのだが、高さが一〇メートルもある雪の壁を下りるにはザイルが必要である。僕たちは雪渓の上でしばらくウロウロした後、この窮状を脱出するには、懸垂下降で沢底へ下りるしか道がないことを理解した。しかし、懸垂下降をするにはザイルを支える支点が必要である。それを雪の上でどうしたら作れるだろうか。太い木をアイスハーケンみたいに打ち込んで、それを支点にするという手もある。しかし、懸垂の支点となればそうとうの強度がないと危険である。ある程度の太さがあって、しっかりと根元まで打ち込めるような木が必要だが、そんな好都合のものはないし、仮に見つけたとしても硬い雪渓に打ち込むハンマーもないのである。

しかし、なんとかしないかぎりここを脱出することはできないのだ。そのとき、僕は古い記憶が甦ってきた。昔読んだ山登りの本のなかで、ヨーロッパアルプスでは、氷河の下降時に氷を柱状に削って、それにザイルをかけて懸垂するという記述があったのを思い出したのである。雪はそれだけでは頼りのないものだが、塊としてみればかなりの強度を発生する。

僕は、学生諸君に雪渓に直径一メートルくらいの円柱を作るためにその周りを深く掘るように頼んだ。四人が手分けして雪渓を掘り始めると、すぐに円柱ができあがった。これにザイルをかけ、ちょっと引っ張ってみる。細いザイルは雪の中に食い込んだが、それも途中で止まった。

引いた感じでは、なんとか人間ひとり分くらいの重さには耐えられそうである。だが、もし耐えられないとすればどうなるか。懸垂の途中でザイルをつかんだままま っ逆さまに墜落して、一〇メートル下にある岩に激突してお陀仏となるだろう。それが耐えられるものなのかどうかは、とりあえず試してみるしか確認のしようがないのだ。

　こうした場合、いちばん先に行く人はたいへんである。だれだって危険なめには遭いたくないものだ。しかし、リーダーである僕としては、後輩にそれをやらせることはできない。「よし、おれが最初に下りるから、もしザイルがはずれて落っこちたら、後の遭難事故対策はよろしくな」と、少し悲壮な言葉を残して、懸垂を開始した。

　ザイルを肩にかけ、グッと体重をかけていくと、ザイルがどんどん雪の円柱に食い込んでいくのがわかる。「もってくれよ、崩れるな」となかば祈るような気持ちで全体重をかけるが、なんとか大丈夫そうである。途中では完全な空中懸垂となり、百パーセント円柱に荷重がかかったはずだが、無事に沢底まで下り着くことができた。

しかし、最初の人間が無事だからといって、次が安全かどうかわからないのが懸垂下降の怖さである。かつて何人もの人間が無事に下った後、その支点がいきなり抜けて命を失った例がかぎりなくあるのを僕は知っていたからだ。まして、雪の円柱ではザイルの食い込みがどんどん進み、最後に円柱が破壊されるおそれもあるからだ。

　だが、残った三人も、円柱が崩れることもなく無事に下りてくることができた。ドラマの展開としてはおもしろくないが、僕たちにとってはちょっとスリリングだった冒険はかくして平穏な結末で終わった。

＊

むずかしい雪渓の部分を通過すると、しばらくして、突然、今までの廊下続きの渓相が多少やわらぎ、ちょっとした川原が現われてきた。そして、その少し先の左岸側から一本の大きな沢が入ってくるのが見えた。僕たちは今日の野営場所を松ノ木穴沢の出合付近と予定していたので、その沢は松ノ木穴沢であろうと思っていた。しかし、そうなるとさきほどの雪渓の沢がわからない。地図にはそんな沢は載っていないからだ。

混乱の原因はすぐにわかった。僕たちの遡行のピッチが想像以上に速かったため、松ノ木穴沢などとっくに通過していたのである。左岸側から入る沢はもっと上流の、魚止めに近い下追流沢だったのだ。とすれば、さきほど僕たち四人が竿を出した小さな沢が松ノ木穴沢であり、雪渓におおわれていた懸垂下降の沢が入り鳥ノ子沢ということになる。実際には自分たちが思っている以上に速く進んでいたのである。

ところで、前川は川原というものがまったくない谿である。湯ノ島小屋からすでに五キロ以上来ているが、両岸はほとんど切り立っていて、広い場所がない。テントを張るどころか、四人が立っていられるような場所もあまりないのだ。このままでは、どちらかの河岸段丘へ上がって、ブッシュのなかの平らな部分に強引にテントを張るしかないと思っていたから、この突然の川原の出現はありがたかった。

僕たちは久しぶりに腰を下ろし、荷物を置くと、開放的な気分になって背伸びをした。そして白い砂の部分にさっそくテントを設営する。それから、何回もの泳ぎによってずぶぬれとなった衣類を着替え、それを岩の上に干すと、裸のままましばらく昼寝をしてから、上流へ釣りに向かう。

下追流沢から上の本流はまたゴルジュになっていて、その先へは簡単に行けそうもない。そこで、左岸側の下追流沢へ入ることにした。この沢は前川では最大級の沢であり、さきほどの松ノ木穴沢に比べると、いちおう釣り場という雰囲気はある。しかし、この沢も入口からしばらく進んだところで滝に出合ってしまった。だが、この沢のイワナはすばらしく、出合からすぐに超大物がいて竿を絞り込んだ。ポイントごとに釣れてくるのだが、そのすべてが大イワナである。三八センチから四五センチくらいまでの超大型イワナばかりで、小物は一尾もいないのだ。

前川の豊かな水量のなかではイワナはよく育ち、大型に成長するのだろう。しかし、本流は水が多すぎるのと足場がないため、非常に釣りにくい。だから、そうした大型が沢に遡上してくるのを狙い撃ちするこうした方法がいいのだ。ただ、問題なのは、そうした釣りができるような沢が前川では少ないことである。

とにかく僕たちは前川に入って以来、少ない沢を効率よく攻めて、やっと釣りらしい釣りをすることができたのである。

＊

翌朝、いよいよ魚止めの攻略に向かう。魚止め滝は僕たちのいる場所から一キロ以内の位置にあるはずである。しかし、この一キロはそうとう厳しいゴルジュ帯のように見えた。昨日、僕たちは軽い偵察をしたのだが、ほんの入口付近で簡単に撃退されてしまった。川通しに魚止めまで進むのはむずかしそうである。

そこで僕たちは今日も前川流の遡行術、すなわち河岸段丘ヤブ漕ぎ遡行法によって、この連続するゴルジュ帯を突破することにした。ヤブのなかを歩くのはうっとうしいが、高巻き、泳ぎを繰り返すよりはずっと効率よく上流へ進めるからだ。テントの後ろ側からいきなりヤブのなかに飛び込み、手足を縦横に使って、どんどんヤブのなかを進む。しかも、この付近のヤブは昨日のところほどひどくはなく、思ったより順調に行けるのである。

僕の予想では一時間はかかるな、と思っていたのだが、四〇分ほどで滝の音が聞こえ始め、やがて右手の方に大きな滝が見えてきた。どうやらヤブ歩き作戦は大成功だったようだ。たいした苦労もなく僕たちは魚止め滝の下に行き着くことができたのである。

滝は三段になった大きなもので、いちばん上の段は二〇メートルはある。僕たち四人はまず右岸側から最下段の滝壺に竿を出した。水量の多い前川でもとくにこの滝壺は深く、いかにも大物がいそうな感じである。ここでは、魚がくれば四〇センチを超えるやつしかいないのではないか、という雰囲気が漂っていて、僕たちの期待も高まった。しかし、意外や、大イワナどころかチビイワナのアタリさえないのである。

昨日も本流で何尾かのイワナを釣っている。そこからこの滝までの間に、魚の交流を妨げるような滝はないはずなので、ここまで魚がいるのは確実である。それなのにアタリが全然ない。僕たちはオモリを重くして、滝壺の底の方を探ってみる。しかし、結果は同じでまったくアタリがないのである。

右岸側でアタリがないのは、もしかしたらだれかがすでに釣っているからかもしれない。しかし、左岸側は手つかずの場所である。滝壺の下流は少々浅い瀬になっていて、長身のN君なら、足の長さを生かして左岸に渡渉することができそうである。足の短い僕の提案に、N君は胸までつかりながらも渡渉を試み、どうにか対岸に渡ることに成功した。彼はそこで左岸側の巻き込みを狙う。しかし、それにもアタリがないのである。

魚が少ないのか食い気がないのかわからないが、とにかく一段目の滝壺では魚の気配を感じることはできなかった。続いて、二段目の滝壺へ上がってみるが、こうした多段の滝の中間というのは、魚がいないのが普通である。速い滝の流れによって魚が下流に流されてしまうからだ。そして、ここでも定石どおりアタリなし。音沙汰なしなのである。

滝壺では期待に反してアタリはなかった。この滝の上にイワナがいるのか、僕たちにはわからない。滝の水量から見れば、まだまだ魚がいなくなるようなものではないから、滝の上でも生息は可能であろう。また、仮に天然分布はしていないとしても、今の時世なら、だれかが滝の上に放流している可能性も充分考えられる。

しかし、三段目の滝は二〇メートルはありそうなもので、これを攀《よ》じ登るのはそうとうしんどそうである。時間は充分あったけれど、この滝の様子から判断して、僕たちは滝上に登るほどの価値はないと判断した。ここは世間一般の定説を受け入れて魚止め滝とし、テントに引き返すことにしたのである。

＊

翌日は車までもどるだけである。来たときと同じヤブのコースを歩くのもおもしろくないので、少々の場所は泳いで下っていくことにする。上流に遡行する場合は、流されないようにがんばらなければならないからたいへんだが、下流に行く場合は、沈み石に体を打ちつけないように注意して、軽く浮いていれば自然に流れていってくれる。

ちょっと危険ではあったが、僕たちはこうした方法によって、あっという間に踏跡がある場所まで行き着くことができた。行きの苦労を考えるとばかみたいに簡単である。しかし、こうした行為はまたじつに危険なことでもある。遡行という目的を終えた後の油断で、気が抜けて命を落とすことがあるからだ。沈み石に体をぶっつけて、気を失い、溺死するなんてことはよくあることなのである。

幸いなことに僕たちは無事に湯ノ島小屋まで行き着き、そこから車にもどることができた。しかし、時間はまだ昼を過ぎたばかり、陽は高く、東京へ帰るには時間が早すぎる。この時間を、僕たちは隣の奥川で過ごすことにしたのである。

奥川は放流量が抜群に多い川で、とくにヤマメが濃い。東北ではめずらしいくらいの濃密放流をしてあるから、魚はたくさんいて当然なのである。僕は山を越えてその奥川に行くと、学生諸君と夕方までのひとときをヤマメ釣りで過ごした。

奥川の流れはなんともしまりのない渓流で、遡行の楽しみなんてものはいっさいない。隣の前川では生きるか死ぬかの瀬戸際の遡行が要求されるというのに、奥川にはこうした緊張感というのはまったくないのである。しかし、ヤマメはポイントごとに釣れてくる。それも型が抜群にいいのだ。

学生諸君のつたない釣技でもヤマメがどんどん釣れてくる。警戒心のない養殖ヤマメだから、魚がいれば食いついてくるのである。前川でのイワナ釣りは、苦労のわりには釣りをした時間がほとんどなく、たいした成果もなかった。釣りよりヤブ漕ぎをしていたほうがはるかに多かったからだ。

ところが、あまった時間を車でちょっと動いただけで、これだけの釣果がある。放流物と天然物との違いはあるとはいえ、こうした落差の大きさには考えさせられてしまった。現代の放流物による渓流釣りの萌芽は、すでにこのころ現実のものとなっていたのである。

僕たちはしばらく放流ヤマメを堪能した後、奥川中流の道路に上がった。左側には小さな民宿があり、そこに書かれた看板にふと目がとまった。それにはこう書かれていた。

「日本一の渓流釣り場・奥川」と。

僕はこの看板をいうにいえない複雑な気持ちで見続けるのだった。

ある生還——
日本のヒンターシュトイサー・
トラバースルート

岐阜県高原川水系・双六谷金木戸川
（昭和五十四年七月）

スイスを旅行する人の多くが必ず立ち寄る場所にユングフラウがある。アルプスの名峰であるこの山に登るには麓のグリンデルヴァルトから登山電車に乗らなければならないが、その途中で、電車は大きな岩壁の下を通っていく。これがヨーロッパアルプスで最も登攀が困難とされたアイガーの北壁である。

登山電車はこの北壁の中にくり抜かれたトンネルを通って、途中にあるアイガーヴァント駅という所で一時停車する。この駅にはいくつかの窓が開いていて、そこから北壁を見下ろすことができる。鉄道会社はユングフラウへ行く観光客のために少しの間、のぞき見の時間を与えてくれるのである。観光客たちは壁から見下ろすアルプスのけわしさに目を見張るが、じつはいまから五十数年前に、このトンネルのすぐ上を舞台に、あまりにも悲劇的な事件が起こったことを知っている人はほとんどいない。

*

一九三六年の夏、このグリンデルヴァルトの町に南ドイツ、バイエルン地方から数人の若者がやってきて、農家の牧草小屋をねぐらに周囲の山を歩き回っていた。若者たちのリーダーはアンドレアス・ヒンターシュトイサーといい、グリンデルヴァルトでは彼のことが話題になっていた。この町の奥の方に人を威圧するかのようにそびえ立つアイガー北壁の初登攀を狙う、命知らずの若者と見られていたからである。

アイガー北壁はヨーロッパアルプス三大北壁のひとつで、標高差一八〇〇メートル、マッターホルン北壁、グランドジョラス北壁とともに最も登攀がむずかしい岩壁といわれていた。しかし、三六年当時すでにこれら三大北壁のうち、アイガーを除くふたつの壁は初登攀が成功していた。まず一九三一年にマッターホルンの北壁がシュミット兄弟によって登攀され、続いて三五年に、グランドジョラス北壁の中央クーロワールがペータースとマイヤーによって初登攀されていた。実際グランドジョラスなどは、アルマン・シャルレのような天才クライマーさえ撃退され、登攀はほとんど不可能ではないかとまでいわれていた。それが、三五年までに登られてしまっていた。残された未登攀の北壁はこのアイガーしかなかったのである。

三〇年代の後半ごろ、グリンデルヴァルトにはアルプス最後の大岩壁初登攀をもくろむ野心的なクライマーたちがたくさん集まっていた。だが、彼らの試みはことごとく失敗し、三六年の夏までの間、北壁から生きて帰った人はひとりもいないという状況が続いていた。アイガー北壁はたくさんの人間の命を奪ったことから、ドイツ語で北壁（ノルト・ヴァント）というより殺人岩壁（モルト・ヴァント）と呼ばれるほどだった。

アイガーの北壁でむずかしいのは岩壁の取付部から六〇〇メートルほど上にそびえ

る高さ二〇〇メートルほどのフェースの部分であった。この場所はその岩の色から赤い壁（ローテ・ソル）と呼ばれるオーバーハングしたつるつるのフェースで、当時の旧式な装備ではちょっと乗り越えられそうもなかったのである。しかし、この部分を大きく迂回して壁の上部に達したパーティがいた。一九三五年の夏、マックス・ゼドルマイヤーとカール・メーリンガーのふたりはひどくむずかしい壁をうまく攀じ登って、赤いフェースの上部にある雪田に達した。

困難を克服した彼らに北壁は勝利の微笑みを与えてくれたかに思えた。だが、それは序の口でしかなかった。彼らはまだ壁の三分の一にも達しないのに、すでにまる五日間という時間を要求されて体力を使い果たしていた。そして、そこで雪崩と落石の集中砲火を伴った嵐に遭遇して動けなくなる。迂回して登った場所の下降はきわめて危険で、とてももどれそうもなかったのである。彼らはなすすべもなくビバークし、釘づけになったまましだいに衰弱していく。厳しい寒さと空腹に耐えきれなくなったふたりはやがてそこで息を引きとり、眠るような姿で凍りついてしまうのだ。後に「死のビバーク」と名づけられたその場所には、氷づけになった彼らの姿がずっとそのまま放置されていたという。

＊

有能なクライマーであったヒンターシュトイサーは、ゼドルマイヤーたちの失敗の原因が赤いフェースを避けた遠回りのコースにあると読んでいた。アイガー北壁では晴天は長続きしない。できるだけ短い時間で頂上に達しないと、途中で嵐に遭い、危険な状態に陥ってしまう。それを避けるにはどうしてもダイレクトに赤いフェースを突破する必要があった。

一九三六年の夏、ヒンターシュトイサーら四人のパーティは手がかりのないこの部分を斜め上部から懸垂で下りて、途中で振り子のように体を左右に振って乗り越える「振り子懸垂」という新しい試みによって、ついにそれを乗り越すことに成功したのである。

それから先の登攀は順調で、ゼドルマイヤーたちが達した最高到達点をも越えて、未知の領域へと突入していった。麓から望遠鏡でのぞいていたグリンデルヴァルトの人たちは今度こそ初登攀がなされるかもしれないと思った。しかし、殺人岩壁がそう簡単に攻略されるわけはなかった。彼らは傾斜路（ランペ）と呼ばれる地点まで達したところで、突然悪天候に見舞われたのである。彼らの登攀速度はしだいに遅くなった。頂上に達するには白い蜘蛛《くも》と呼ばれるむずかしい場所を越えて、まだ一〇〇メートル近く登る必要がある。それはほとんど不可能なことであった。彼らはただちに退却すべきだったのだが、なぜかまだずるずると登攀が続けられていた。四人という大人数が彼らの行動を鈍らせ、判断を遅らせたのだろう。

彼らが事態の深刻さを正確に認識し、下降に移ったときはすでに遅すぎた。すっかり体力を消耗しきった彼らはようやく退却を開始した。死のビバークと名づけられた地点で、遺体のまま凍りついているゼドルマイヤーとメーリンガーを見ながら、第三雪田、第二雪田へと下降を続けていく。その間、猛烈な吹雪と雪崩が間断なく襲い、当時の粗末な装備は彼らの体温を容赦なく奪っていった。

そして、運命の地点、これも後に通過者の名をとって「ヒンターシュトイサー・トラバースルート」と名づけられた振り子懸垂の所までもどることができたのだった。だが、そこで彼らは完全に退路を絶たれるのである。行くときは斜めの振り子懸垂で突破できたが、帰りはそれが逆になるため、行くときに使ったザイルを残しておかないと元の場所にはもどれない。ところが、頂上に抜けることしか考えていなかった彼らは、そのザイルをはずしてしまっていたのである。

絶望と衰退する体力、正常な判断力を失いつつある異常な状況のなかで、最初の悲劇が起こった。ヒンターシュトイサーが一か八かの賭けに出て、このフェースをフリークライムで突破しようとして墜落するのである。彼は足を滑らせてずっと下の方へ墜ちていく。消えゆく叫び声に続いて鈍い衝撃音がはるか下の方から聞こえてきた。そして、それはさらに恐ろしい悪夢のような結末へと彼らを導いてゆく。ヒンターシュトイサーの墜死に続いてアンゲラーが、まるで地獄に吸い込まれるかのように墜落するのである。わるいことに彼は墜ちながらザイルが首に巻きついてしまうのだ。短く衝撃的な時間の経過の後、アンゲラーは窒息死する。

そしてもう一方のライナーは、アンゲラーの墜落の衝撃で上の方に打ってあったハーケンのところまでザイルで引っ張られ、宙にぶら下がった状態になってしまう。彼はハングした岩場に宙吊りになり、しばらくもがくがどうしてもザイルをはずすことができないのだ。しだいに薄くなる意識に抗しつつ、徐々に体が締めつけられたライナーもやがて絶命する。

ヒンターシュトイサーの死の衝撃音を聞き、ザイルで体を締めつけられたライナーの断末魔の叫び声を聞きながらなにひとつできずに、呆然とする人間がたったひとりだけ狭いテラスに取り残されることになる。バイエルンからやってきた若いトニー・クルツである。

新進クライマーとしてクルツの名前は少しは知られていたが、いまださほど大きな成果のない彼は、アイガー北壁の初登攀者としてアルプス登攀史のなかに自分の名前を残しておきたかったのである。だが、アイガーはクルツの力をしてはあまりにも大きすぎた。彼は別な意味で、歴史に名前を残すことになるのである。

数百メートルはある崖の途中の狭いテラスにひとり取り残されたクルツの状況はどんなものだったのだろうか。想像を絶するような絶望が、この野心に燃えた若者を襲ったにちがいなかった。急峻な岩場の通過に絶対なければならないハーケンやカラビナなどの登攀用具から、大切な食料が入ったザックまで、一切合財がさっきの事故のときに下に落ちてしまっていた。彼は素手でこの大岩壁を下らなければならないのである。それは不可能に近いことである。死神はすでにこの若者の背後にぴったりと寄り添っていて、いつでもその手を差し伸べようとしていた。彼が死の深淵に引きずり込まれつつあることは確実であった。

だが、クルツはものすごい嵐の一夜を強靭な生命力で生き延びたのだ。彼はグランドジョラス北壁から生還したルドルフ・ペータースのことを思い出していたのかもしれない。ペータースも退却途中で仲間を失い、雪盲のためほとんど目が見えない状態のままたったひとりで奇跡的に生還し、なんと翌年にはその北壁を初登攀していたからだ。

翌朝、クルツはこの困難な状況から脱出するために、仲間の遺体を吊っているザイルをナイフで切り落とし、それから気の遠くなるような時間をかけてそれをほぐし始めた。当時のザイルは三本の太い麻の束をより合わせたもので作られていた。この束をほぐしてつなげばザイルは三倍の長さにすることができる。

真夏とはいえ、すっかり凍りついて硬くなった麻のザイルをほぐすのは容易ではなかった。しかし、やがて長いザイルはできあがった。クルツはこれを垂らして、ユングフラウ鉄道トンネルの西の窓から登ってきた救助隊に新たなザイルや食料の供給を受け、一気に救助隊のいる所まで下降しようとしたのである。彼は二本のザイルをつないで長い懸垂下降を開始する。すると、ついに救助隊の姿が見えてきた。

あと一〇メートル、五メートル……。もう脱出は時間の問題だけだった。そう思ったとき、だれもが考えもしなかったことが起こった。不意にそれ以上下降できなくなってしまったのである。彼は通常の肩がらみ法による懸垂ではなく、カラビナにザイルを通しただけの方法で下りていたのだが、ザイルの結び目がカラビナにひっかかってしまったのだ。

「ザイルをはずせ。結び目を通すんだ」

三メートルほど下で何人もの人が叫んでいた。だが、体力の限界ぎりぎりで行動していたクルツにその力はもうなかった。彼は人びとが見守るなかで、必死にもがき、苦しみながら、最後に長い絶望的な叫び声を発した後、息を引きとったのだった。

（著者注）

＊

ヒンターシュトイサーらの悲劇的な死によって、その後は、危険な箇所の振り子懸垂では必ず退却用にザイルを残しておくのが常識となった。しかし、こうしたことはヨーロッパアルプスのような大きな岩場でのことで、日本で、それも渓流の釣り場でそんなものが必要な所などむろんない。日本の渓流はどんなにわるい場所でも少しもどれば必ず巻けるルートがあるからだ。振り子懸垂をしなければ通過できないような悪場などまずないといっていいだろう。僕自身はそう信じていた。

だが、日本も広いのだ。僕たちは岐阜県・双六谷の上流金木戸川で、ヒンターシュトイサーとまったく同じようなめに遭ってしまったのである。振り子懸垂の失敗によって、危うく仲間の命を落としそうになってしまったのだ。

昭和五十四年七月、僕と曽根誠一さん、岩井渓一郎君の三人は、双六谷林道から金木戸川をめざしていた。僕はこの谿についての知識があまりなかった。ただ、上流はけっこうけわしいという話は聞いていたので、いちおうザイルだけは用意していた。しかし、本格的にそれを使うつもりなどなく、あくまでも非常時用に用意しただけのものであった。

それが僕の予想に反して、最初からザイルのお世話になってしまったのである。僕たちは右岸側に道があるのを見落として、小倉谷の出合からすぐに川に下りてしまったのだが、川底への下降からいきなり懸垂下降となり、ザイルを使うことになってしまったのである。後からわかったことだが、ここから打込谷までの間がいちばんけわしい場所だった。

谷は水量が多く、また、大きな石が連続していて遡行のピッチは上がらない。そして一時間も行ったろうか。通常の方法では越せそうもない場所に突き当たってしまったのである。そこは二段の滝で、深い滝壺のある部分はつるつるの一枚岩になっていて、ザイルがないとちょっと突破できそうもないように思えた。

こうした危険な岩場の通過は僕のお手のものである。僕は右岸を少し登ったところでこの場所の弱点を見つけた。ザイルを使って、あのヒンターシュトイサーがやったのと同じ方法、すなわち振り子懸垂をやれば簡単に突破できると判断したのである。

山登りを知らない人には振り子懸垂などという言葉を聞くと、たいへんむずかしそうに思えるが、実際はどうってことのない技術で、ザイルを持つ手を放さなければ安全で、だれにでも簡単にできるものである。僕は比較的上の方に生えている立ち木にザイルをかけ、それを支点にして斜めに上流に飛び移るようにして、難なくここを乗り越えることに成功した。

そして全員が通過したところで、ほとんどなにも考えずにザイルをはずしてしまったのである。川通しに道がない以上、帰りも同じ場所を通らなければならないことを僕は忘れていた。おかげで後でたいへんなめに遭うことになるのだが、この時点では、まだ僕たちはそんなことは夢にも考えていなかったのだった。

＊

打込谷までの遡行は思ったより手ごわく、キャンプ予定地に着いたのはすでに夕方近くになっていた。最初の計画ではこの部分の遡行はあまり重要視されてはいなかった。ここまでは簡単なアプローチの段階であり、打込谷から上流が本格的に釣る予定の場所であった。ところが、とんだ思惑違いでだいぶ時間をロスしてしまったのである。

遡行に手間取った原因は僕にあった。というのも、僕が遡行の途中で大きな岩から飛び下りたとき、足を怪我してしまったからだ。左足の先端部分からどしんと降りたところ、下にあった石に骨がぶつかってヒビが入ってしまったようなのだ。

最初は痛みもたいしたことはなかった。しかし、しばらくするとしだいに激しい痛

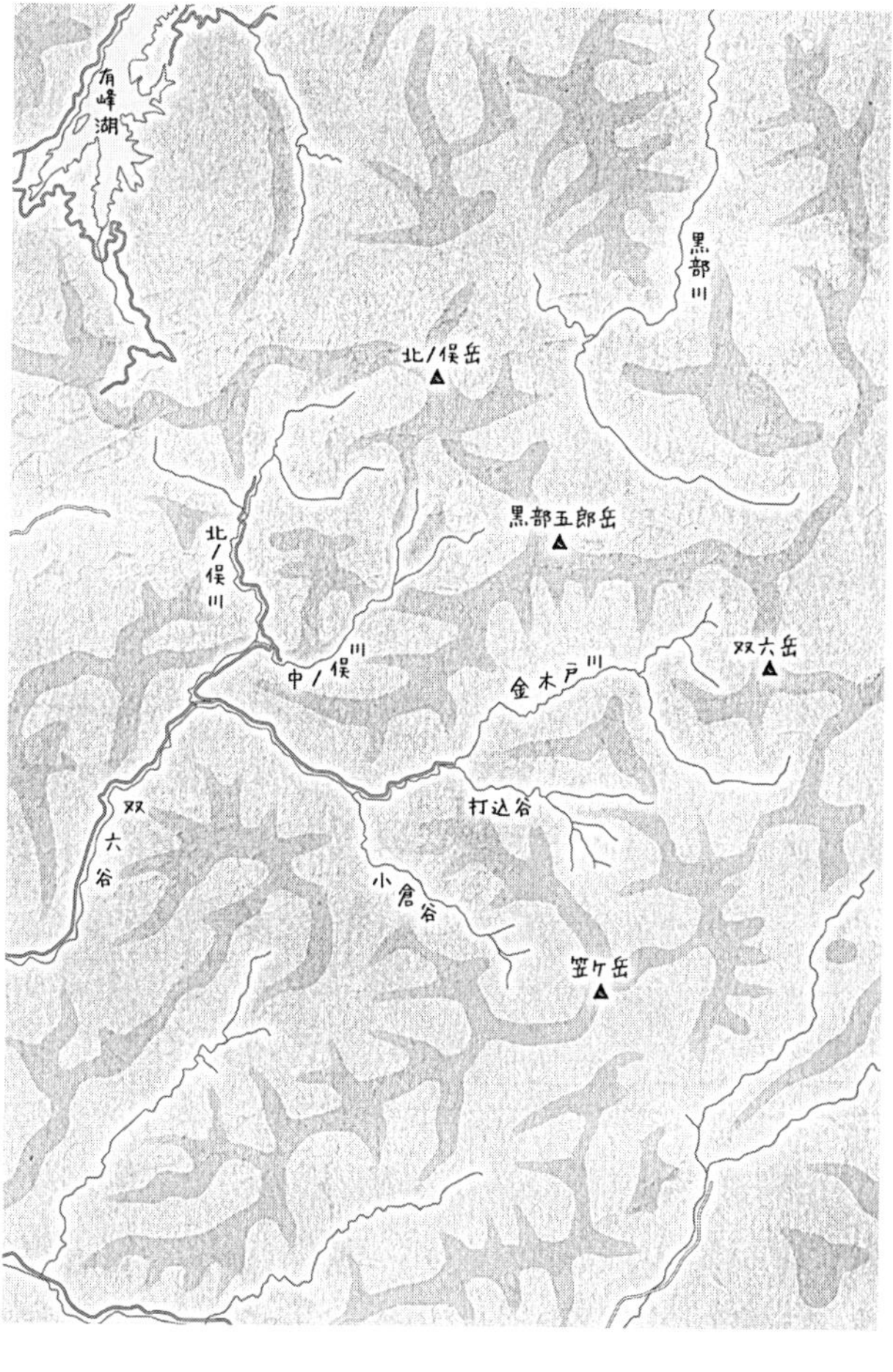
有峰湖
黒部川
北ノ俣岳
黒部五郎岳
北ノ俣川
双六岳
中ノ俣川
金木戸川
打込谷
双六谷
小倉谷
笠ケ岳

みが走りだし、ついにはまともに歩けないようになってしまったのである。

金木戸川のような場所で足を痛めるということは非常に危険なことである。両足が元気でも遡行がむずかしいのに、片足で遡行するなどということは、できない相談である。

打込谷出合のキャンプで夕食を作るころから足が猛烈に痛みだして、ほとんど片方の足は使えないような状態になってきた。だが、僕たちはまだ金木戸川の入口から少し入った所にしか来ていないのである。入口でトラブルを起こしたのでは、苦労をしてここまで来たかいもない。

翌朝、足の痛みはさらに増していた。試しに少し足をついてみると、刺すような痛みが走って、とても歩けそうもない。しかし、このままベースに残っていることもできない。それこそ「死のビバーク」で釘づけになってしまったゼドルマイヤーみたいである。むろん、死ぬようなことはないだろうが、大イワナの宝庫を前にして釣りもしないでテントの中でじっとしていることなど、僕には耐えられないことであったのだ。

そこで、僕は逆療法をすることにした。すなわち、痛い足を無理やり使うことで痛みを麻痺させてしまおうというやり方である。医療関係者である曽根さんから見れば、きわめて無謀なやり方なのだろうが、僕は痛みをこらえてふたりの後から、金木戸川の上流の釣りについていったのである。

最初は片足で歩いていたが、そのうちに痛みに慣れてしまい、最後にはなにも感じなくなってしまっていた。作戦は大成功とはいいがたいが、とにかく僕は怪我をしたにもかかわらず、この美しい谿でイワナを釣ることができたのだった。

金木戸川は大きな花崗岩に囲まれたきれいな川で、イワナの数は少なかったが、釣れるものはすべて尺以上の型のいいものばかりである。ここでの釣りはたいへん満足するもので、この日、僕は足の痛みをこらえたご褒美に神様が応えてくれたのだろうか、四二センチというすばらしい大イワナを手にすることができたのだった。

しかし、翌日はその無理がたたったのかさらに足が痛くなり、テントのわきを流れる川へ水も飲みにも行けないほど悪化していた。行きに苦労した場所をこの足でどうやってもどることができるだろうか、僕の頭のなかには不安の黒雲が夏の積乱雲のようにもくもくとわき起こってきていた。

いずれにしても、この体で今日釣りに行くことは、自ら死にに行くようなものである。不本意ながら、この日はテントキーパーの役割をあまんじることにした。明日、無事に下るためにもそれは仕方のないことである。その日は一日テントの周囲でボーッと過ごし、夕方までふたりの帰還を待っていた。

荒いけれど、人を威圧するような感じを与えない金木戸川。それでいて、遡行を始めると豊かな水量と大きな岩が急峻に連なることで、なかなか簡単には人を上に登らせてくれない。金木戸川は不思議な川である。僕はその川の核心部でのんびりと日向《ひなた》ぼっこなどをしながら一日を過ごしたのだった。

いつも川に行けば一分一秒を惜しんで、竿を出すことしか考えていなかった。思い出してみれば、こうした釣り場を前にして、終日竿を出さずにのんびりしたことなど今まで一度としてなかった。余裕のない、せせこましい釣りをずっと続けていた自分にとって、この日の休息は、緊張感に満たされた心のよき休養となったのである。

夕方、ふたりは帰ってきたが、昨日の最終到達点からたいして遡行はできなかったという。なにしろ、金木戸川は両岸の岩が大きく、上流に行くにはひとつひとつこの岩を登っていかなければならないのだが、それがとても時間がかかるのだ。だから、一日釣ったにしてはあまり距離をかせいではいなかったのである。しかし、今日も数は少ないが大きなイワナが釣れて、彼らも大満足のようであった。

*

次の日はいよいよ帰京の日である。だが、足の状態はあまり思わしくはない。このため、元気な岩井君たちは朝一〇時くらいまで釣りをし、その間に病人の僕は足の調整をすること、すなわち再び足を酷使して痛みを麻痺させて、準備が整ったところで下降を開始しようということになった。

お医者さんが聞いたら、頭から湯気をたてて怒りだすような乱暴な処置だが、これもなんとか成功はした。足の痛みも昨日ほどではなく、僕たちは一二時にテントをたたんで川を下り始めることができたからだ。帰りは下りだから、行きに苦労した場所もなんなく下れる。ちょっとわるい場所はどんどん泳いでいけるので、快調なピッチで進むことができる。

だが、僕たちの快進撃はあの振り子懸垂の地点まで来たとき、ストップさせられてしまった。ヒンターシュトイサーと同じく、帰りはオーバーハングがきついから、行きに使ったザイルが残っていないと簡単にはもどれないのである。僕たちはヒンターシュトイサーと同じミスを犯していたことをここで初めて思い知らされたのだった。

「これはダメだな。巻いたほうがいいんじゃないの」

ザイルを取り出してなんとかここを突破しようとしている僕の背後で曽根さんが言った。実際このとき、曽根さんの言う忠告を聞いていればなんの問題もなかった。だが、僕は巻くのが面倒だった。それになんとかがんばれば行けそうな場所に思えたのである。その犠牲になったのが岩井君である。

「ちょっとハングしていてむずかしそうだけれど、反動をつけて向こう側に飛びつけば、なんとかなるんじゃないか。岩井君ちょっとやってみてくれないか」という僕の言葉につられて、若い岩井君がザイルにぶら下がって、逆方向からの振り子懸垂を試みたのだった。

しかし、行きにきたときの懸垂の支点はもっと高い場所にあった。もしその場所に今もザイルがかけられているならば、問題なく元の地点にもどることはできるはずである。だが、岩井君がぶら下がった帰りの支点は、少し低く、しかも手前側にあった。このため、向こう側まで行き着くにはそうとうの距離を横に飛ぶ必要があった。

この距離をはたして飛べるのかどうか、僕にはあまり気にならなかった。僕は若い岩井君なら簡単にこなしてくれると、たかをくくっていたのである。

岩井君は今でこそ渓流のフライの第一人者として知られているが、当時はまだ二〇代の体力バリバリの釣り人であった。後日、彼は日本のフライフィッシングの大御所的存在に成長していく。しかし、そうした彼の輝かしい未来も、もしかしたら存在しなかったかもしれない危険が、この後に待ち構えていたのだ。

この数分後に起こる恐るべき瞬間については、まだだれも知らなかった。岩井君は彼の運命を左右する恐るべき瞬間、運命の女神のみが知る暗黒の将来に向かって力強く飛んでいったのである。

心配のかけらも見せない岩井君が、最大限の反動をつけると、まるでジャングルを飛ぶターザンのように反対側へ飛んでいった。だが、支点の低さとオーバーハングの具合は僕が思っている以上にきつかった。岩井君は大きな振り子のようになってかなりの距離を横に飛んだにもかかわらず、反対側の岩まで届かずに空をつかむような姿勢で再びこちら側に振りもどされてしまったのである。

しかも、わるいことには向こう側に到達しないだけでなく、出発点であった僕たちのいる側にも振りもどりがわずかに足りなかったのである。岩井君は僕たちの方に反動でもどってきながら、もう少しというところで届かず、再び向こう側に引きもどされてしまった。そして、そのまま振り子の振りがしだいに小さくなって、ついにはオーバーハングの下に宙ぶらりんになる格好になってしまったのだ。

振り子懸垂の支点はなるべく向こう側に近いところに設定したので、岩井君は僕たちの方にももどることができず、オーバーハングの下にまっすぐぶら下がっているしかないのだ。しかも、ハングしているから岩場に足もつかない。このため、自分がぶら下がっている位置を変えることもできないのである。こんな不自然な状態をいつまでも続けていることなどできるわけがない。そのうちにザイルを持つ手が疲れてきたのか、「もうダメだ、とにかく下に降りる」と言って、岩井君は下降を始めざるを得なくなった。

ハングの下は深い滝壺となっているが、実際に助かるためには一度中段の滝壺まで下りて、泳いでどちらかの側に取り付くしか方法はないのである。彼は深い滝壺まで下りて、ザイルにつかまったまましばらく休んでから、下流、すなわち三日前に僕たちが振り子懸垂を開始した地点の方向に泳ぎ出したのである。

＊

若い岩井君の遊泳技術はすばらしく、すぐに向こう側にたどり着いた。だが、この滝壺はまさにアイガーのヒンターシュトイサー・トラバースルートみたいに劣悪な場所であった。ちょうど亀穴のような構造をしていて、対岸の岩はつるつるの壁になっていたのである。対岸まで泳ぎ着いた岩井君は、岸に這い上がろうとするのだが、手がかりがないためどうしても登れないのである。

岩井君はその場所で、なんとか登れる場所を探そうとして五、六分くらいはがんばったはずである。だが、花崗岩の一枚岩が亀穴のようになったこの場所には、体を水面から持ち上げてくれるような手がかりがどこにも見つからない。とくに、彼は大きなザックを担いだまま泳いでいたから、よけい体を持ち上げることがむずかしいのである。そして、そうこうしているうちに、岩井君の体が次の滝の落ち口の方へ流され始めたのである。

彼が泳いでいるのはちょうど二段になった上段の滝壺で、次の滝は一〇メートル近い高さがある。滝口から流されて落ちればむろん命はないだろう。そこに向かって岩井君の体が引きずり込まれるように流され始めた。それは、まるで逆巻く大渦の中に引き込まれていく小さなボートというか、蟻地獄に落ちた虫のようでもあった。流されまいとして必死に泳ぐがしだいに下流の滝の落ち口の方へ引き込まれていくのである。

恐ろしい光景が僕たちの下で展開していた。「流されるとヤバいぞ。早くザックを捨てるんだ」と僕たちは叫んだ。

岩井君はシュラフで大きくふくらんだザックを背負っていたのだが、これが浮力になって、沈むのを防いでくれたのとともに、また彼の行動の妨げともなっていた。ザックを捨てればもっと楽に泳ぐことができるだろう。岩井君は僕たちの指示に従ってザックを体からはずしにかかった。その間、一瞬彼の体が滝壺に沈んだのでヒヤリとしたが、すぐに浮き上がると僕たちのいる側に泳いできた。

しかし、僕たちのいる側はちょうど上の滝の落ち口で流れが急になっている。泳ぎの得意な岩井君をしてもここまで来るのはかなりたいへんなことだった。彼は必死になって流れに抗しつつ僕たちの下までやってきた。

その間、僕たちも崖を下れるだけ下って彼を待つ。だが、最後の一メートルくらいはやはりつるつるの一枚岩になっていて下りることができない。そしてその所までついに彼がやってきたのだが、同じように手がかりがないから岸に登れないのである。僕たちは手を差し出すが届かない。

「寒い、寒い、早くザイルを投げてくれ」足下の滝壺で立ち泳ぎをしている彼が叫んだ。だが、ザイルは壁にかかったままで、それ以外には何もない。そのとき、曽根さんがとっさの判断で首に巻いたタオルを下ろした。

しかし、あわてた岩井君はそのタオルをつかむと、いきなり全体重をかけて上に上がろうとしたからたまらない。片手で軽くタオルを持っていた曽根さんはその重さに耐えられず、タオルが手から抜けてしまったのである。

それにつかまって半分上がりかけていた岩井君の体はタオルを持ったまま再び滝壺の中に落ちていった。そして今度は本当に沈み始めたのである。もはや彼の泳ぐ力も限界に近づきつつあった。

後で岩井君に聞いたところでは、ドボーンと落ちた直後に何度も水を飲み、この瞬間「完全にもうダメだ」と思ったという。

僕たちは岩井君が本当に沈み始めたのを見て、これはたいへんな事態になったことを認識した。岩井君にはわるいが、それまではなんとなく冗談ぽい感じもあったのだが、このままでは彼は溺れるか、次の滝口から一〇メートルほど落下して死ぬかのどちらかしか道がないことになるのである。事態は逼迫《ひっぱく》していた。

彼を引き上げるには別のタオルのようなものを用意しなければならないのだが、もはや曽根さんの分はない。そして、もう一本は僕のザックの中である。僕は岩井君がアップアップするのを横目で見ながら、大急ぎで自分のザックを開け、タオルを取り出すと、今度はその端を曽根さんとふたりでしっかりと持ち、一気に岩井君を引き上げたのだった。

＊

人間の運命というのは本当にわからないものである。もし僕がタオルを取り出すのがもう三〇秒ほど遅れていたら、岩井君はこの世に存在できなかったかもしれないのである。だが、それ以上に、僕が行きに残した懸垂のザイルを引き抜かなかったら、こんなことも起こらなかったのである。また、曽根さんの忠告に耳を貸して高巻きによって逃げていれば、岩井君はこんなひどいめには遭わなかったはずである。

すべての責任は僕にあるといってもいいだろう。もし、あのとき、岩井君が下の滝に落ちていたら、僕もこのように安閑として釣りを続けていることはできなかったろう。幸いにして岩井君は助かり、今は皆さんがごぞんじのとおりのフライの名手に成長した。

今回の金木戸川の遡行がヒンターシュトイサーと同じ運命をたどらなくてすんだのは、紙一重の差でしかない。結果論だが、本当に僕たちは運がよかっただけなのだ。

結局この後、僕たちはこの悪夢のような場所を右岸から高巻き、上にある明確な登山道を発見したのだった。つまり、僕たちはやる必要のないむだな努力をしていたにすぎなかったのである。最初からこの道を見つけていれば、振り子懸垂も、また、僕自身が足を痛める必要もなく、なにごともないまま簡単に打込谷まで行けて、楽しく釣りをすることができたはずなのである。

僕たちはこの道をしばらく下ったところで、岩井君のザックが下流の淵に浮いているのを見つけた。さっそく谷底に下りてそれを回収したのだが、中のシュラフなどが水をたっぷり吸っていたのだろうか、ものすごく重く、片手では引き上げられないほどであった。そのときの感触は今でも鮮明に覚えているが、土左衛門でも引き上げているような気がしてならなかった。

岩井君のザックは一〇メートルの滝を落下し、下の激流を流れ下って、大きな淵のところで持ち主を静かに待っていたのだ。持ち主への忠誠心を示すかのようにゆっくりと漂って……。ザックは明らかに彼の身代わりとして滝を落下したのである。

著者注・ヒンターシュトイサーらの遭難事故に関する記録はいくつかあるが、一九三八年にアイガー北壁の初登攀をしたアンデレル・ヘックマイヤーが書いた『アルプスの三つの壁』が最も詳しく、またこれをもとに石原慎太郎氏は昭和三十二年に『北壁』という短編小説を発表している。著者はこれらの記述と、ニュービイの正確な報告をもとに遭難事故の経過を再現してみた。

――参考文献――エリック・ニュービイ著／近藤信行訳『世界登攀史』草思社刊

夢想と危機の時代を越えて
在来イワナの領域へ

わが回想の谿々
(昭和六十二年八月〜)

不謹慎な言い方かもしれないが、人は危険な状況に陥ったときほど、自分が生きているという実感を感じることができるものである。レーシングドライバーの目が最も輝くのは、ヘアピンカーブを超高速でスピンしながら、かろうじて助かったときである。ロッククライマーが顔を紅潮させて語るのは、手がかりのほとんどないオーバーハングを、半分墜ちそうになりながらも、なんとか乗っ越したときである。こうした危機を乗り越えたときに人が感じる喜びは、まさに生の充足感に満ちたもので、それはちょっと普通の言葉では表現しきれないくらい激しいものがある。

そういう僕も、今まで何度か死にかかるような危険なめに遭ってきた。考えてみればよく今日まで命があったものだと思うくらい、何回も危険なめに遭っている。ロッククライミングの最中に五〇メートル以上墜落しながら全身打撲だけですんだり、二〇〇メートルも雪崩に流されながらも擦り傷だけで助かったり、狭いルンゼの中をものすごい数の落石が襲ってきながら奇跡的に体に当たらないですんだり、鉄砲水に流されながらもしぶとく岸に泳ぎ着いたり、へずりの途中で足を滑らせて谷底へ落ちながら途中の木にひっかかって助かったりと、危機一髪のめに何度も遭っている。しかし、幸運にもそのつどなんとか助かって、今、ここまで生き延びている。ほとんど紙一重で死をまぬがれて、かろうじて今まで生きてこれたといってもいい。そのくらいヤバイめに何度も遭っているのである。

こんな危険なことを続けていれば、いつかは死ぬかもしれない。しかし、五〇メートル墜落の瞬間の後も、雪崩の瞬間の後も、僕は懲りないで危険なところへ飛び込んでいった。あの、狭いルンゼの中をいっぱいになって落ちてきた落石の様子などは今も鮮明に覚えている。最初、ゴマ粒のように見えた小さな落石の点々がたちまち頭上いっぱいに広がり、ものすごい唸り音をさせながら僕のわきを落ちていった。そのときのすさまじいばかりの恐怖心、硝煙のような臭いのなかで僕はふるえあがっていたものである。それなのに、しばらくすると僕は性懲りもなく再び出かけていったのである。

それはあのレーシングドライバーの興奮、死にかかりそうになりながらも助かったときの心の底からわき起こる生命の喜びをもう一度味わいたいからだったのかもしれない。人は日常性のなかに埋没していても、危険な状態、己れの死と向かい合うような緊急の状態に直面したとき、自分の生命の奥深さにふれるのである。

振り返ってみると、僕の渓流釣りはどこかでそうした生命の燃焼感みたいなものを求めていたところがあった。イワナを釣るというよりは、滝や崖を登ったときのスリルが楽しくてせっせと源流に通ったのかもしれない。危険がなかったら僕はあれほど熱心にイワナ釣りに熱中などしなかったろう。僕は谿から転げ落ち、鉄砲水に流されるたびに、より源流への思いを強くしていったのである。

だが、僕たちは自分の命をも失いかねないような危険な行為をなぜ好んでやるのだろうか。心の底からわき上がる生命の燃焼感があるといっても、命を失えばおしまいである。それなのになぜ僕たちはそうした暗黒の世界ともいえるような場所にあえて飛び込んでいこうとするのだろうか。

＊

オランダの歴史学者ヨハン・ホイジンガは、人はホモ・サピエンス（理性人）というよりホモ・ルーデンス、すなわち「遊び人」であるという。理性をもつだけの生きものではなく、遊び心をもった生きものというのだ。人間がこれまで作り上げてきた文化とか歴史も、その底をひっくり返して見れば、すべて「遊び」という心が「真面目」（ホイジンガは遊びに対立する概念が真面目だという）という気持ちを抑えて作り上げたものである。人間の文化や歴史はじつは、遊び心で作られたものであるというのだ。

人が真面目な理性だけでコントロールされていれば、わざわざ死ぬ恐れがあるような危険な真似などしないだろう。理性の制止も振り切ってこうした馬鹿げた世界に飛び込んでいくのは、やはり人間が理性だけでは制御できない「遊び」の心をもっているからではないだろうか。

以前僕が傾倒した（というより今もずっと傾倒しているのだが）ドイツの哲学者ハイデガーも「遊び」（Das Spiel）という言葉が人間の根源と深くかかわっていると説いている。カントはこの世のなかをすべて理性（悟性）だけでがんじがらめに縛ろうとして、結局、理性を超えたものを導入せざるを得ない失敗を犯した。人は遊びの心なしに、理性だけで生きることはできないのである。

ホモ・ルーデンス、遊び人。この言葉は昔、大学に残ると称してそのじつ、三〇歳を過ぎてもなお遊び回っていた僕にはまことに都合のいい言葉であった。むろん、大学では勉強もよくしたけれど、実際は「不真面目」な遊び中心の生活であった。そうやってまともな職業にも永い間つかず、渓流を彷徨《さまよ》い続けていたのである。その意味では僕は根っからのホモ・ルーデンスであり、まさに遊び人であったのだ。

昭和四十年代の後半は何度も書いたように僕にとっては自分の人生が激しく変わった年代だった。僕は谿と大学との間を行ったり来たりしていた。しかし、早稲田に近い小さなアパートの一室にこもっているときは、ひたすら憧れの渓流に分け入る自分を夢想し続けていた。空想のなかでの僕は一寸先も見えない暗黒の世界を五里霧中の感じで逍遥し、やがて想像する渓流に行き着く。渓流に対する強烈な情念から発した僕の内的エネルギーが暗闇を撃ち負かすひと筋の光となり、大イワナの理想郷を照らし出してくれたのだ。照射された光の束は行く手をさえぎる切り立った崖や、そびえ立つ高い滝を浮きあがらせ、それが僕の前進を阻もうとしていた。その先には底知れぬほど深い紺碧色の淵があり、巨大なイワナが淵尻に凛然《りんぜん》と遊弋《ゆうよく》している様子が妄想のように僕の脳裏をよぎったのだった。

汚ないアパートの空間はたちまち自然豊かな源流に変わり、僕は空想がもたらす虚構の世界の中心に君臨していた。焦点の定まらない空を見つめる僕の目は異様に輝き、なにかにとり憑かれたような感じであったろう。そして、空想に疲れ、現実に連れもどされた僕はいたたまれない気持ちになり、翌日にはザックを背にして谿に分け入っていたのだった。

狭いアパートの中で夢想した数々の非現実的な世界が僕の行動力のバックボーンとなり、バネにはじかれたようにさまざまな場所に出かけていったのである。それはあたかも、実現されなかった夢を無理やり現実化しようとする強引な試みのようでもあった。時間と空間を超越した彼方から、いきなり現実の世界に飛び込んだ流れ星のように、僕は激しく燃え、その燃えかすを辺り一面に飛び散らしたのだった。

*

しかし、遊びはそれだけでは成立しない。真面目という対局概念があって初めて、遊びも意味をもつのである。僕が遊びに徹すれば徹するほど、真面目になれというもう一方の隠された気持ちが僕を締めつけてきたのだった。

かくして、前に書いたように僕はふうてんからまともな職業につき、三畳一間の安アパートからなんとか人並みの生活へと変わってきていた。こうして遊び人から真面目人へと転換していったのである。だが、遊び人からまともな社会（理性）人になるにつれて、僕は自分がもつ貴重な財産を失っていくのを感じていた。自由な時間の消失である。それまで、何時に起きようが寝ようが自由であったのが、決められた時間の間は仕事をするということで拘束され始めてきていた。

遊びは自由な時間のうえに構築されてこそ、その意義が際立ってくる。社会の枠組みにしっかりと組み込まれた理性豊かな人間からは、遊びの精神が失われていく。だが、遊びをやめた人はどこへ行くのだろうか。

昭和三十七年から始めた僕の渓流釣りは、最初は、まだだれもが知らない大イワナの世界にがむしゃらに分け入ることしか考えていない単純なものだった。しかし、昭和五十年代に入るころからその進路を少しずつ変えようとしていた。社会人としてすっかり定着するにつれて、自分の釣りのスタイルが変化してきていたのである。

一方、このころ、源流の荒廃は急速に進みつつあった。僕が情熱を傾けるべき領域が次々と狭められていき、さらにそれが矮小化《わいしょうか》しつつあったのである。桃源郷のような大イワナの世界がしだいに姿を消し、それに呼応するかのように、このころから僕の釣りのなかにヤマメやアマゴの姿が多く見られるようになってきていたのである。

イワナ釣りから始めた僕の渓流釣りは、最初は潔癖なくらいイワナばかりで占められていた。僕が入っていた東京渓流釣人倶楽部の釣行で里川のヤマメ釣りに行くこともあった。道路沿いの小さな渓流で車から降りると、パッと釣っては次のポイントに移動するという非常に機動力に富んだ釣りもしたことはある。しかし、それはごくたまに暇つぶし程度にやる釣りでしかなかった。

こうした釣りは僕にはどうもなじめないものだった。釣り場の水はときにはドブ臭いことさえあった。源流では釣り場に水筒を持っていくなどということはなかった。ところが、このころになるとそれが必携品のひとつとなったのである。川の水が飲めないような場所で渓流魚を釣るということなど考えられなかった。これは僕には耐えられないことであった。しかし、そうしたことに強い抵抗感を感じていながら、僕はしだいに現実に引きずり込まれていったのだった。

こんな汚い水が流れる場所で渓流釣りをしたくない、と思った。しかし、釣れてくるヤマメの美しさを見ると、自分の気持ちはやわらぐのだった。僕は、俊敏なヤマメが鱗を輝かせて水中を疾走する姿に、イワナを見るのとは違った満足感をしだいに感じていくのだった。

＊

自由な時間と遊びの精神を失う代わりに、立派な?社会人になった僕には新しい渓流釣りの世界が待っていた。ヤマメの美しい姿に出会うことだけを楽しみにする釣りである。手軽に行けて、だれにもイージーに楽しむことのできる渓流釣り。それもまたすばらしいものであることは間違いなかった。だが、イワナに深くのめり込んでいた僕にはやはり、どこかに物足りなさがあった。

不満の原因がどこにあるのか、僕にはまだ漠然としていて、気持ちのうえでも整理がついていない状態であった。ただ惰性に流されるように、僕はイワナ釣りからヤマメ釣りのほうへと移行していったのである。しかし、ヤマメとイワナを比較するとどうしてもイワナのほうに心が惹かれるのは仕方のないことであった。イワナにはそれだけの魅力があると僕は思っていたからだ。

だが、このころから起こった猛烈な釣りブームは渓流釣りにも、津波のような大波となって押し寄せてきていた。僕の足が遠のくのと呼応するかのように、源流のイワナが急速に少なくなっていったのである。

また、たくさんやってくる釣り人の要求、魚をたくさん釣りたいというまことにもってしごく当然の要求を満たすために、あちらこちらで放流が盛んに行なわれるようになった。そして、それによって以前には考えもしなかった事態が生じてきたのだ。何度も言うように、各地にいた地方色豊かな在来イワナが急速にいなくなってきたのである。

このころの僕は試行錯誤の連続であったといっていいだろう。社会の枠組みにがっちりとはめ込まれ、身動きできなくなっていた僕は、あの早稲田のアパートでやっていた夢想の世界への逃避的飛翔を続けることで、かろうじて精神の均衡を保っていたのである。

しかし、ときおり噴出する爆発的な怒りの気持ちを抑えることはできなかった。これを抑えるためにわずかな休暇を取って、源流をめざしてもみた。だが、そこで見たものは幻滅と失望の連続であった。かつてそこに遊弋していた大イワナはいったいどこへ行ってしまったのだろうか。豊かに流れていた谿の上にダムが造られ、干上がった川原の石は白く埃《ほこり》にまみれていた。山を越え、ヤブを漕いで分け入った源流に林道が走り、ごつい四輪駆動の車や、ときにはカラフルな乗用車さえ走っていた。

開発という大義名分、人間の経済行為がすべてに優先するという奢《おご》り、森の木を切り倒し、土砂を谿に埋めて魚を殺す恐るべき人間どもの魔手が、大イワナの聖域に急速に伸びてきていたのである。危機の時代は自分が想像する以上に速く進んでいたのだ。

以前、僕は『大イワナの滝壺』という本を書いたとき、そのあとがきの最後の部分でこう結んでおいた。

「我々の前で行われている数々の実験。自然の人為的なコントロールの実験は着々と成果をあげつつある。養殖された魚を放し、管理された環境の中で釣らせる実験が……。

だが、そこにあるのは自然の原体験の限りなく薄められた姿でしかない。そして、釣り人はある日突然、自分がニジマスの管理釣り場のような所に置かれていることに気付き、憤然としてサオを置く。

彼等がどんなに大きな魚を釣ろうと、どんなに険しい谷へ行こうと、心の中に広がる空しい気持ちは消し去りようがないのである。人は文明を最高度に発展させることで、様々なことができるようになったけれど、それによって最も大切なものをもまた失いつつあるのである」と。
そして、僕が危惧した事態は完全に現実のものとなっていったのである。

＊

昭和五十年代の後半になると、僕の漠然たる不満はしだいに大きくなっていった。空想の世界に逍遥することは以前と同じであったが、それが実現に至るまで進むことはどんどん少なくなっていった。行く場所も、また、魚も少なくなっていたからだ。鬱々《うつうつ》とした気持ちが出口のない袋小路のなかに静かにたまって、不気味な力を蓄えつつあった。なにか小さなきっかけで爆発するダイナマイトのように危険な状態が、僕の気持ちのなかに音もなく進行していたのである。

それはなにが原因なのか、このころからようやく自分にもわかるようになってきていた。源流の荒廃と在来イワナの減少、それが今や目をおおうほどの惨状になりつつあったのだ。

ある日、僕は山形県の寒河江《さがえ》川のほとりで釣れた一尾のイワナを見ていた。それは背中の虫食い状の模様が異常なくらい鮮明なものだった。

「これが寒河江の在来種なのだろうか」ふとした疑問がわいてきたが、僕はその問いにまだ明確に答えることができなかった。なにか変だ。だが、なにが変なのか、それがわからなかった。ただ、わからないなりに変に感じていたものがあったのである。

ずっと昔、僕は寒河江川の支流群でイワナを釣ったことはある。しかし、そのときのイワナがどのような姿をしていたのか、記憶は定かではなかった。イワナの姿をそれほど具体的に見ていたわけではなかったからだ。そのとき、僕は迂闊《うかつ》にも自分の疑問点がどこにあるのかを気づかなかったのである。

寒河江川のイワナがどのくらいの時間的な経過を経て陸封されたのか、僕は知らない。しかし、少なくとも数万年から数十万年という単位であることは間違いないだろう。わずか数千年しかない人類の歴史に比べれば、とてつもなく長い時間をかけて生み出されたものであるはずだ。僕はそんな長い時間をかけて熟成してきたイワナの末《まつ》裔《えい》たちをたいした意識もなしに釣っていたのである。

そして翌年、同じ山形県の日向川の上流へ行ったとき、寒河江川と同じような背中の虫食い模様がはっきりしたイワナが釣れてきた。そのイワナをじっと見つめているうちに、僕のなかで突然憤怒の気持ちが怒濤のようにわき起こってきたのである。「これは日向川に昔からいたイワナではない」そういう思いが、大きな一枚岩のような確信となって僕の心のなかに急速に広がっていったのだ。

もはや疑う余地のないことだった。かつて寒河江川でイワナを手にしたときのあの漠然とした疑問、その明確な答えを僕はつかんだのである。数万年の間、かろうじて生きながらえてきた在来イワナが、ほんの数年の変化で断ち切られようとしているのだ。日向川のイワナはその無邪気な顔の影に、危険な没落の可能性を隠しもっていたのである。

イワナはそれが棲んでいる川によってそれぞれ独特の姿をしていた。その姿の違いを見たくて、僕たちはいろいろな川に出かけていたのである。それぞれの川には昔ながらの独特の姿をもつイワナがいる。昔から渓流釣りをやっていた僕たちにはそんなことは当たり前のことであった。ところが、そんな当たり前のことが当たり前でなくなる異常事態が出てきたのである。寒河江川と日向川でまったく同じ姿をしたイワナが釣れてきたのだ。それはどこか同じ場所、同じ養魚場で生まれ育った魚が、別々の川に放されたにちがいなかった。これによって、各地で独特の姿をした在来イワナが急激にいなくなる事態が出現したのである。

僕がせっせと通った源流には道路がひかれ、谿は土砂に埋め尽くされ、森は伐採され、ダムが造られていた。そして、以前なら簡単に釣れてきたイワナたちは、いつしか大イワナから中イワナになり、小イワナになり、さらには養殖のイワナに変わりつつあったのである。

人間は自分たちの勝手な行為によってすっかりだめにしてしまった自然の聖域を、人工的な魚を放流することで免罪符を得ようとしているのである。僕が大イワナの世界と呼んだあのパラダイスのような場所が、ニジマスの管理釣り場のような場所にとって代わられようとしている。絶滅の萌芽はいたるところで見られ始め、危機はじわじわと影のように静かに近づいてきていたのだ。

＊

現在、世界中で絶滅の危機に瀕している種は、数千にも及ぶといわれている。なかにはトキのように、すでに絶望的な状況になっているものもたくさんいる。そうした例から見れば、在来イワナがいなくなることなどたいしたことではないかもしれない。種そのものの絶滅は養殖技術の発達によって阻止されているからだ。

しかし、どこの馬の骨ともわからないイワナが、在来イワナがいた谿を跋扈《ばっこ》することは僕には耐えられないことであった。寒河江川のイワナと日向川のイワナは非常によく似てはいる。しかし、断じて同じではないのである。

なにが原因でこんなことになってしまったのだろうか。僕はそれまで漫然と源流のイワナを釣っていた。以前は一日に一〇〇尾近いイワナを釣ったこともある。だが、僕たちのそうした行為が、昔からいたイワナを追い込んだ原因のひとつでもあったのだ。在来のイワナがいなくなったから放流せざるを得ないのである。僕はそんな簡単なことも理解しておらず、在来イワナが減少していくのをただ見過ごしていたのだ。

困惑と怒りと危機感とが入り交じった複雑な思いに僕はとらわれてしまっていた。しかし、こうしている間にも在来イワナはその数を減らしているのである。

生物は地球の歴史とともに進化してきた。その過程でさまざまな種が絶滅して新しい種に取って代わられている。盛者必衰のことわりではないが、生物が死んで別な状況が生まれてくるのも自然の摂理かもしれない。しかし、それはあくまでも自然現象でのことである。人間の勝手な行為によって絶滅していくこの状況に対しては、人間自身が責任をもって対処していかなければならないのではないだろうか。

だが、ものすごいスピードで絶滅への道を歩み始めている在来イワナを、僕個人がどうして止められようか。僕個人が歴史を変えられるほどの力をもっているわけもないのである。

＊

僕の渓流釣りは昭和五十年代の後半になると以前とはすっかり変わってきていた。命を失いかねないような危険極まりない釣りから、もっと簡単な釣りをするようになってきていた。たしかに命をすり減らすようなきわどい源流の釣りは、すさまじい緊張感と生命の充実感を生む。しかし、今の時代、それはもはや積極的に推奨する釣りではないだろう。貴重な在来種がいる場所で釣りをすることがどのような結果を招くか、そのことに漠然とした不安をもち始めていたのである。

むろん、人間の手が加えられていない大イワナの聖域で釣りをするくらいすばらしいことはないし、こうしたことをほかの釣り人にも同じように味わってもらいたかった。しかし、今やそれはたいへんむずかしい状況に入り込もうとしているのだ。第一に大イワナが遊弋するような渓流は、ほとんどなくなりつつあり、苦労して遡行しても、情けなくなるようなチビイワナしかいない現実が広がっていた。そんな場所に積極的に不特定多数の人を招けば、事態はいっそう悪化しかねないのである。

昔は釣り人も少なかったから、僕も後先のことも考えずに魚を釣りまくってきていた。しかし、そうしたことが、今思うと源流の荒廃を促進する役目をも果たしたのではないだろうか。そして、今のような渓流釣りブームが続くとたくさんの人間が次から次へと源流を訪れて、たちまち魚がいなくなる危険がある。こういう状況ではむしろ源流の釣りは、僕たちのほうでセーブする必要があるのではないかと考え始めてきていたのである。

自分は勝手なことをさんざんやりまくったくせに、ほかの人にはやめろというのか、という批判はあえて受け入れるつもりである。だが、今はすっかり時代は変わってしまったのだ。だから、僕自身、あれほどまで嫌っていた放流魚を釣ることや、ドブ臭い水の中にヤマメを放流することも認めようと決心もした。これだけたくさんの釣り人が増えれば、放流は必要悪である。そうすることで源流で貴重な在来イワナを釣りたい人の欲求を多少でも緩和してやれる、という心境にもなりつつあるのである。

このような状況の変化を受け入れることは僕にとってはたいへん困難で、しばしば精神的な苦痛を伴うものであった。しかし、現実を考えるとそれは受け入れざるを得ないものであった。もう放流なしに現代の渓流釣りは成立しない段階まで達しているのである。在来種がいるような貴重な地域の一部は禁漁にし、逆に放流する場所には徹底的に管理した釣り場を作って釣り人の気持ちを満たすというシステムが必要なのだ。そのためには源流の一部を禁漁にするという、谿師にとっては困った問題がある。しかし、それも在来種を残すという大義のために、僕個人は受け入れようと思うのである。

だが、それと同時に僕はもっと別なことをも受け入れたのである。それは僕に課せられた非常に重い義務みたいなものであった。すなわち、かろうじて今も生息している在来イワナをなんとか残して、後世に伝えなければいけないという義務である。それは今まで在来種を釣りまくってきた僕がやらなければならないことなのだ。そのことは釣り人のひとりとして当然のことであると僕には思えたからである。

＊

在来イワナが少しでも残っているなら、それを放流魚の魔手から守ることはできないのだろうか。今までの罪滅ぼしとして、僕は在来イワナの絶滅を少しでも食い止めるためになにかをやらねばならないと思っていた。

だが、非力な個人である僕にいったいなにができるだろうか。ダムを造ることの反対運動に参加することも必要だろう。林道建設反対に体を張ることも必要だろう。しかし、そうした運動は政治的な力をもって初めて有効なものとなる。政治的な運動に参加したことのない僕には、それはできそうもなかった。第一に、政治的な運動となれば、その思想的な基盤と理論が必要だが、それぞれの方々の主張は皆違っていて、僕はどれに加担したらいいのかわからなかったのである。

自然とはなにか、保護とはなにか、また、なにを保護し、なにをしたらいいのか、その答えを僕は急いで見つける必要があった。だが、自分にはその答えはものすごく複雑で、遠いところにあるように思えた。解決し得ない永遠の矛盾、自然と人間との相剋関係、人生の深淵にまで至らざるを得ないこの弁証法的矛盾に僕はぐるぐる巻きにされ、答えも見つけられず、ただのた打ちまわっていたのだった。

人間は少しでもいい生活を得ようとして一生懸命働き、努力を重ねてきた。こうして僕たちは目を見張るほどの文化、社会を築くことができたのである。だが、考えてみればそうしたことの多くは自然を人間に都合のいいように改造していくことで得られたものである。森林を畑に変え、野生動物を従順な家畜に変え、樹木は家に変わった。そのたびにおびただしい草原が麦畑に変わり、緑なす森林が赤土の荒れ野となっていったのである。

一心不乱に努力を重ねた結果、めざましい進歩によって日本は先進国になった。アメリカ並みにエネルギーを消費することができるし、だれも飢えで死ぬようなこともなくなった。それどころか世界の果てでとらえた珍味さえ食卓に並べることができるまでになったのである。戦後の物のない時代を経験した僕としては、まさに夢のようにぜいたくな生活ができるようになったのだ。

しかし、考えてみれば僕たちがいい家に住めるのは、熱帯のどこかで森林が伐採されているからである。食卓にエビのフライが並ぶのは、東南アジアのどこかの国のマングローブ林が伐られて、ブラックタイガーの養殖池ができたからである。

地球上で生産されるエビの大半をわが国だけで消費するという異常なまでの現実。

僕たちがおいしいものを食べていられるのは、ほかの貧しい国々の人びとの犠牲があるからではないだろうか。日本で木を伐ることができなくても、どこか僕たちからは見えない外国では、今も日本のために森林が伐られているのである。僕たちは飽食の時代にあって、ものすごくぜいたくな食文化を作り出してしまった。しかし、その基盤は貧しい国々の人びとの犠牲のうえに成り立つものである。彼らの飢餓のうえに成り立つ僕たちのもろい「文化」。

僕たちの生活はそうしたなんともやりきれない犠牲の上に成り立っているのではないだろうか。それを考えると、自然とはなにか、保護とはなにかという問いが、生活とはなにか、いや、おおげさには人生とはなにかという哲学の問題にまでいかざるを得ないのである。

ダムを造ることや森林の伐採に反対する運動に身を投じることはむろん立派なことであるが、僕はもっと人間自身が謙虚になること、消費を抑えて、自然へのインパクトを可能なかぎり小さいものにする努力が必要ではないかと思い始めていたのである。

僕が源流で在来イワナの釣りを自粛しようと考えだしたのも、そうしたことによる。今まで僕たちは自由に自然を享受してきた。しかし、望むままに自然を消費し続ければいつか資源は枯渇する。しかも、今、僕たちは世界中の資源を円の力でかき集めようとしている。そうしたことを自粛すべきときにきているのではないだろうかと僕は思い始めてきたのである。

＊

努力とはなんだろうか。よりよき世界へ飛翔するために人は努力をする。だが、努力を重ねて僕たちはいったいなにを得たのだろうか。『大イワナの滝壺』のあとがきのように「人は文明を最高度に発展させることで、様々なことができるようになったけれど、それによって最も大切なものをもまた失いつつある」のではないだろうか。

以前、アメリカ・ペンシルベニア州ランカスターへ行ったとき、僕は奇妙な人たちに出会った。黒いマントを着て、馬車に乗る人びとだった。あのモータリゼーションが発達した最文明国であるアメリカに、およそ似つかわしくない馬車がなぜあるのか。僕たちが訪問したフェンウィック社の人が、彼らは「アーミッシュ」というキリスト教系の信徒集団であることを教えてくれた。アーミッシュは現代文明を拒否して、電気も自動車も使わず、自給自足の生活のなかに心の充足を見いだしているのだという。

あの大量消費社会であるアメリカでこのような思想をもった人たちが、一定の社会を構成しているということが、僕にはたいへんな驚きであった。テレビも車ももたず、粗末な食事で一日を感謝の気持ちで終えるアーミッシュの人びとと、あらゆる便利な製品に囲まれ、仕事に追われる僕たちといったいどちらが幸せなのだろうか。僕は不思議な静けさに満ちたアーミッシュの顔のなかに、自分が求めていた問題の解決法が隠されているのではないかと思ったのだった。

＊

自然とはなにか、保護とはなにかということを考えれば考えるほど、道は遠く、絶望の暗闇だけが見えていた。けれどもそこにとどまることはできなかった。そうこうしている間も、自然破壊は加速度的に進み、在来イワナの減少と源流の荒廃は目に見えて進行していたからである。僕は無為な時間を消費することに焦りを感じながらも、自分なりにできる方法を模索していた。

自然の破壊は徹底的に進行している。それが充分わかっていながら、なにもしないで放っておくことは、自分に対する欺瞞である。だが、僕は政治的な反対運動に飛び込むだけの勇気も持ち合わせてはいなかった。そうした運動の道を進む人の勇気には敬意を表するが、自分がそれに踏みだすだけの積極的な気持ちはなかったのである。しかし、なにかをやらなければならない時期は切迫していたのである。

それならば自分でできる範囲のことをやろうと僕は思った。たいそうなことはできないかもしれないが、少なくとも在来イワナのすばらしさを後世の人に残し、また、伝えてやることが、自分にできる最大のことではないか、それが在来イワナの絶滅を止めることにはならないかもしれないが、なにもやらないよりはるかにましだと思ったのである。

大きなことはできないが、自分の身の回りでできる最大限のこととして僕は、在来イワナの調査、記録に取り組み、少しでも在来イワナの減少を食い止めようとしたのである。

こうして、源流の釣り師から出発した僕は、その船出からは想像もつかない別な領域へと向かっていくことになるのである。すなわち、カメラマンの和田悟さんと始めた、日本の在来イワナの調査（釣査？）記録という計画である。

それは今まで自分がずっとやってきていた従来の渓流釣りとはまったく違う、新しい世界への新たなる跳躍であった。かつて梓川で初めてイワナを釣って以来、山屋という世界から釣り人という新しい世界へ飛び込んだのと同じように、僕は再び途方もなく遠い世界へ向かう旅を開始したのだった。

その場所は泥沼のように歩くのが困難で、周囲は僕の知らないことだらけだったけれど、僕は無我夢中になって、新しく自分に課せられた義務の遂行に向かって突進していったのだった。僕の目はあの早稲田の安アパートにこもって不健全な空想の世界

を彷徨《さまよ》っていたときの一種病的なものではなく、やりがいのある世界を手探りで歩く、不安と喜びの光に満ちたものに変わっていったのだった。

さらば源流のイワナ釣り

北海道知床半島羅臼川
（昭和六十三年二月～）

現代のような高速巨大文明においては、ものごとは僕たちが想像する以上の速さで進んでいく。現代社会の重要なテーマは「進歩する」ということである。だが、進歩とは言葉を換えれば古いものを捨てて、新しいものに次々と置き換えていくことにほかならない。ひとつの場所にとどまるということは許されない。停滞するということは、進歩を否定することになるからだ。

しかし、進歩とは同時に古きものを蹴散らすことによってのみ初めて可能である。闘いに負けたものは静かに身を引くしか方法がないのが、進歩のシステムであり、時代の宿命なのである。

この冷徹な原理は谿に棲むイワナとて例外にはならない。弱き者は容赦なく淘汰されていく運命にあるのだ。源流のイワナを釣っていくうちに起こってきた在来のイワナの減少と、それを補う養殖イワナの跋扈《ばっこ》。これも現代社会の動きに連動した一種の社会現象かもしれない。

変化の波はじわじわと押し寄せてきていた。そしてそれに直面した僕は、しだいに自分の意識のなかに重い紗のようなものがかかってくるのを感じざるを得なかった。在来イワナが消滅していくことが、漠然とながら僕の意識にひっかかり始めてきたのである。

地域によってそれぞれ異なった姿をしたイワナがいるということは、以前なら当たり前のことだった。その当たり前のことが否定されていく。在来イワナ滅亡の波は昭和四十年代の初めから、すなわち僕が渓流釣りを始めたころにはすでにその萌芽が見られ、五十年代に入ると速度を上げた。そして、六十年代には、その大半の部分が増殖した癌によって壊死《えし》した細胞のように、急速に広がっていったのである。目をおおうような惨状の車輪がゆっくりと斜面を転がり始め、しだいに加速度をつけて速さを増していったのである。危機はすでにすぐそこまで来ていたのだ。

しかし、このめまぐるしく変わる時代においても僕はまだ、のほほんとして源流のイワナを釣っているだけだった。永い間ほとんどなにも考えずにイワナを釣り続けてきていた。人がめったにやってこない場所に群れていたイワナを、夢中になって釣りまくることに単純な喜びを見いだしていた。いや、むしろそうしたことに僕は誇りさえ感じていたといってもいいだろう。たくさん釣ることはすばらしい、楽しいと思い、そのことについては疑いさえしなかったのである。

そうした意識が遅ればせながら頭のどこかで否定されるようになってきたのは、ずっと後になってからのことである。僕は昭和六十年代に入って、自分がやってきた源流の釣りについてのいくつかの疑問と反省をもつようになってきていた。在来イワナが目に見えるような速さでいなくなっていくことに、漠然とではあるが危機感をもち、なんとかしなければいけないと思い始めていたのである。

*

僕が和田さんと在来イワナの釣査に出かけていくことになるのは、そうした危機感があったからである。僕たちは在来種が残っている場所でそれを釣り、その直後の正確なカラー写真を撮って、記録するという企画をたてた。これは自分にとってはじつに魅力的な、すばらしい計画であった。今まで行きたくても行かれなかったような釣り場へ行けるうえに、在来イワナの釣査もできるからだ。

釣り人としては好都合な企画にすっかり喜んでしまった僕たちは、ただちにその実行に取りかかったことはいうまでもない。

だが、計画をたてるのは簡単だが、いざ実行となるとむずかしい問題が山積みしていた。資金や時間の捻出がたいへんだったのは当然としても、もっと技術的に解決しにくい問題がたくさんあったのだ。たとえば、水の中から釣り上げられた魚は、みるみるうちに体色を変えていく。まして死んでしまえばもっと色は変わってしまう。どの時点での魚を基準に記録するのかで色も違うのである。

それに、撮影するといっても正確な色は光の状態やフィルムの種類、現像の条件によって発色がまったく違ってくる。今後、たくさんの川を長い時間をかけて回ることになるのだが、そうしたとき、撮影条件をいつも一定に保つことができるのだろうか。ことは簡単にはいきそうもなかった。新たな疑問が次々とわいてきて、その解決法はなかなかむずかしいものがあるようだった。しかし、正確な体色は、釣れた直後に携帯用の水槽に入れて撮影すればなんとかなりそうである。釣れたイワナをその中に入れて、なるべく自然にいたときと同じにすることで解決できるのではないだろうか。また、光については同一の光源としてストロボを使って人工的な光を与えて撮影すれば、いつも同じ光の条件が得られると僕たちは解釈した。

だが、それらはあくまでも机上の空論であって、実際にはどのような結果になるのかはわからなかった。僕たちは釣ったイワナをどう記録したらいいのか、まだ明確な方法を確立してはいなかったからだ。和田さんが、実際のイワナの斑点や体色の様子を正確に撮影してくれると期待はしていたが、水槽やストロボがはたして僕たちが考えるように機能してくれるかどうかもわからなかった。僕たちには初めてのことがあまりにも多すぎた。そのため、本番の前に、一度実地のテストをしておく必要があったのである。

テスト釣行は厳冬の岐阜県石徹白《いとしろ》川で行なわれた。この季節にちょうど解禁になっている場所が岐阜県しかなく、しかも石徹白川ならものすごい豪雪によって上流部はだれも入っていない手つかずの場所になっていて、イワナも容易に釣れると思ったからである。

二月初旬の石徹白はひどい雪で、夏道はすっかり雪で埋まっていた。僕たちは駐在所から歩き始めるが、たちまち深い雪をかき分けて進まざるを得なくなってしまった。慣れない輪カンジキをつけて、雪をラッセルしながら僕たちは四時間歩き続けたのである。

白い雪の斜面が少しだけ緩いカーブを描き、そこに夏の道が埋まっていることを思わせた。だが、足跡ひとつない雪原をひたすら歩くのはひどく難儀なことだった。僕たちの歩行は、さながら八甲田山死の行進を彷彿させた。輪カンジキをつけていても、軟らかな雪はズボズボと埋まり、ほんの少しの距離を進むのも容易ではなかったのである。しかし、僕たちはそれでも四時間ほど歩き、目的の在来イワナがいると思われる場所まで行くと、そこから竿を出したのだった。

盛期のときのような積極的な食いはなかったが、まだだれも今シーズンは竿を入れていないせいもあり、イワナはポイントごとに釣れてきた。僕はそれをビニール袋に入れて生かしておき、魚が適当な数になったところで特製の撮影用水槽に移し、和田さんが撮影をしたのである。

氷が張っているような冷たい水の中で、水槽に水を入れ、釣れたイワナを泳がせる作業は思いのほかたいへんなことであった。手は冷たくてちぎれそうなくらいだった。しかし、いくつかの試行錯誤はあったが、写真も思った以上によく撮れていて、とりあえず僕たちの所期の目的は達成されたのである。

おかげで僕たちは釣れたイワナの体色を変えずに生かしておくにはどうすればいいのか、フィルムの条件やストロボ光をいつも一定にしておくにはどうしたらいいのか、といった貴重なデータを得ることができた。テストは上々のできだったから、僕たちは自信をもって本番へと飛び立っていくことができたのである。

＊

僕にはなにか自虐的な性格みたいなものがあり、それが自分の渓流釣りに大きな影響を与えている気がしてならない。かつて僕は「大イワナの世界」という言葉を言ったとき、その世界に至る道程が困難であればあるほど、そこに到達したときの喜びも大きくなると言ったことがある。なにも苦労しないでそこへ行ければ、これにこしたことはないのに、僕は好んでぬかるんだようなところばかり歩こうとする困った癖があるのだ。

このねじれ曲がった性格があったからこそ、源流の大イワナの世界に挑戦することができたのかもしれないが、それは今回のイワナの釣査ではとりあえず必要ないもののはずであった。しかし、それにもかかわらず、今回も悪癖は遺憾なく発揮されていたのだった。すなわち、僕はいきなりむずかしい道から始めるという暴挙をやってしまったのである。

僕たちの最初の旅は昭和六十三年の二月、厳寒の北海道知床半島羅臼《らうす》川でオショロコマを釣ることから始められた。北海道は夏行く場所であり、冬の最中にイワナ釣りに行くとはどうかしているのかもしれない。ところが、僕はそれをあえてやってしまったのだ。これから後、長い泥沼のような旅を続けることになる在来イワナ釣査は、最初からむずかしい釣り場で開始するのである。

僕の「困難好み」の悪癖によってたてられた厳冬の知床半島の釣査は惨憺《さんたん》たるものだった。寒さは想像していたほどではなかったが、魚が全然釣れないのである。厳冬の北海道、それも知床半島辺りで渓流釣りをやるということ自体がどだい無理なことだったのかもしれない。

僕たちが泊まった宿の主人はあきれ顔をして「なに？　この時期にオショロコマを釣りたいだって。あんたらなに考えてんだ。無理無理、オショロコマは冬眠している

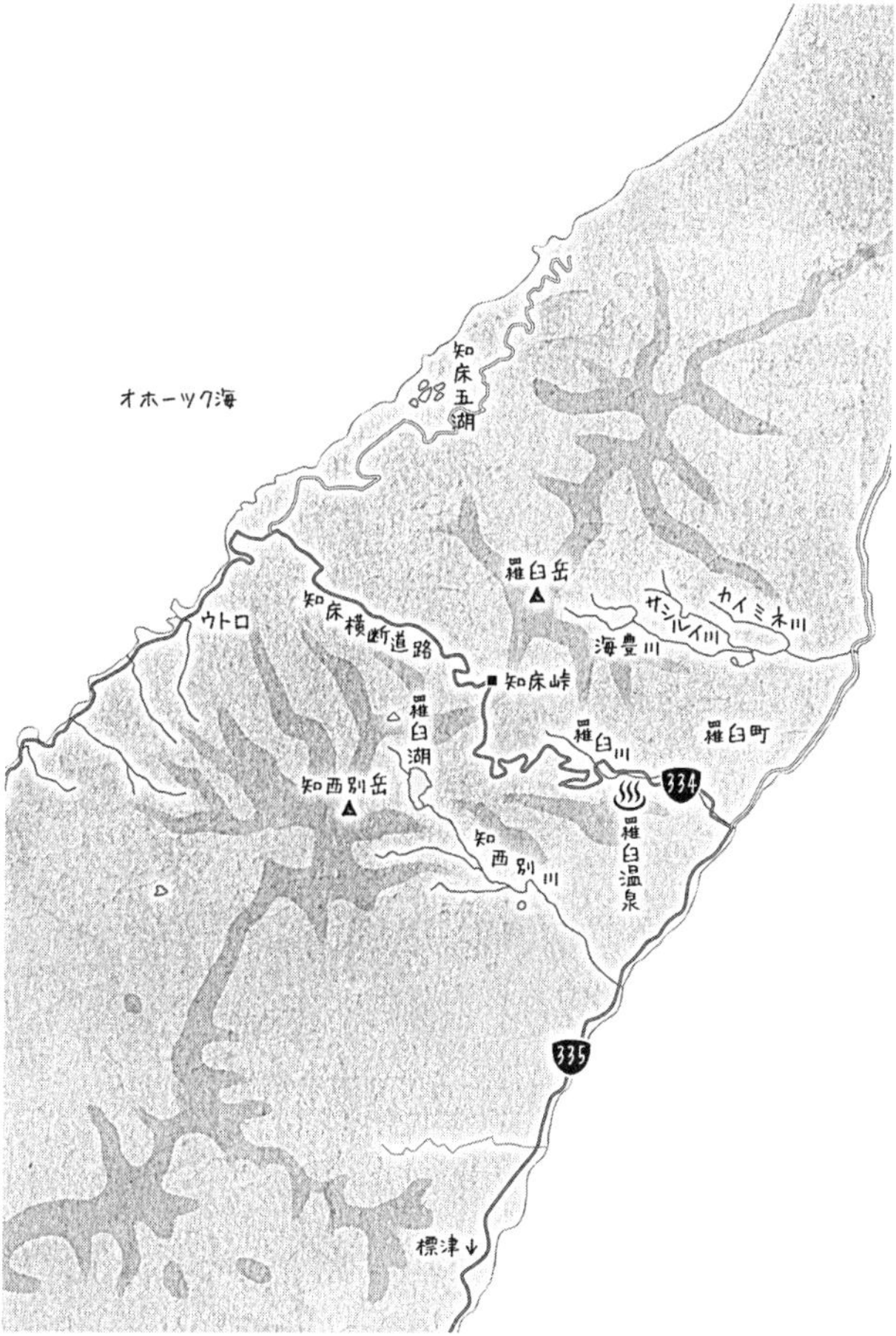
オホーツク海
知床五湖
羅臼岳
カイミネ川
サシルイ川
海豊川
ウトロ
知床横断道路
知床峠
羅臼湖
羅臼川
羅臼町
334
知西別岳
羅臼温泉
知西別川
335
標津↓

とした。

からエサ食わないよ」と、絶望的なことを言って、僕たちを暗い淵の中に叩き込もう

だが、僕には例の「困難好み」という強い味方がいる。少々のことを言われた程度で引っ込むほどヤワな性格ではない。むしろ僕には叩かれ上手なところがあり、こうしたことを言われると逆に元気になってしまうのである。

第一、僕たちはこれからもっと厳しくて長い航海に出なければならない。少々の困難にいちいちビクついていたのでは、とても先までは行き着けない。先日の石徹白での苦しい雪原ラッセルさえ耐えてきたのだ。この程度の言葉に挫《くじ》けるわけはないのである。

僕たちは宿の主人の忠告はとりあえず無視して、凍りついた羅臼川のほとりに立った。夏のさわやかな景色は微塵《みじん》も感じられない荒涼とした雪原に、一条の黒い溝のようになって羅臼川は流れていた。水は盛期のころに見せるライムのような透明感はなく、黒く、どこか淀んだような重い質感が漂っていた。

僕は吹雪のなかで仕掛けをつなぎ、オショロコマがいると思われるポイントの部分に餌を放り込んだ。小さな氷柱をつけた岩の間から白い泡の飛沫を飛ばしながら冷たい水が流れ下っていた。僕はその泡が切れる付近に餌のついた仕掛けを投げ込んだ。

赤と黄色の糸でできた目印は、ハリを隠した餌が確実にイワナが潜んでいる層まで沈んでいったことを示していた。

せかせか流れる表面の急流とは裏腹に、目印は流れに逆らって上流の方へ少しずつ移動していった。どうやら、川底の流れは表面とは逆に上流側に向かっているようだ。こうした複雑な流れの場所は渓流の魚たちがいちばん好む所である。僕の気持ちのなかにアタリへの期待が大きく高まる。僕は目印に全神経を集中させてアタリがくるのを待ち構えていた。

夏の羅臼川のオショロコマの多さといえば、日本中でこれ以上魚の濃い場所はないというくらいよく釣れたものである。どこに餌を入れても、ほんの一〇秒もしないうちにアタリがあり、魚は際限がないくらい釣れた。羅臼川の魚影の濃さは半端ではないのである。そんなだから、少々水が冷たくても一尾や二尾の魚を釣ることはわけのないことであると、僕はたかをくくっていた。魚が釣れないなどということは考えもしないことであった。羅臼川でオショロコマが釣れなければ、自分は釣りをする資格がない、そう考えてもいいくらい魚が釣れることは当たり前のことだったのである。

だが、僕の投入した仕掛けは一〇秒どころか、一分たっても五分たっても、そして一〇分たってもなんの変化も起こらなかった。目印は虚しく流れ、餌のミミズはすぐさま凍りついて、カリントウのようになってしまった。

そのとき僕は、聞き流していた宿の主人の言葉のなかに気になるフレーズがあったことを思い出していた。「知床のオショロコマは冬眠するから、冬は釣れない」という、不思議な言葉である。最初は無視していたその言葉が、小さなささやき程度に聞こえてきていた。僕は「イワナが冬眠するなんて聞いたことない」とつぶやきながら、主人の言葉を否定しようとしていた。

しかし、否定しても否定してもその言葉は消えなかった。それどころか、どんどん大きな声となり、やがて耳をつんざくような警告音となって広がっていったのだった。

なぜアタリがないのだろうか。この異常な事態はいったいどうしたわけだろうか。自分には説明できなかった。というのも、羅臼川の水温はプラス一、二度くらいを保っていたからだ。この程度の水温なら魚は釣れるはずだ。先日の石徹白川でも同じくらいの水温だったし、もっと低い水温のなかで何度もイワナやヤマメを釣ってきているからだ。

摂氏一度なら冬眠するような温度ではないのである。それなのに、なぜ釣れないのか。オショロコマだけは特別な魚で、宿の主人が言うように冬眠するのだろうか。疑問は夏の入道雲のようにしだいに大きくなっていき、僕の混乱は深まっていくのだった。

*

僕は天を仰いで祈るしか方法がなかった。運命の糸はすでに切り離されている。今の僕は希望から見放されて、大波が逆巻く暗い海原を激しく揺り動かされて漂う木の葉のようだった。光はずっと高い天空から、切り裂かれた叫び声を伴なって僕が立つ狭い場所を照射していたが、それはとても弱く、先のほうは闇に隠れてしまっていた。僕の前には小さいけれど、確実に進むべき道のりを示す道標が立っているのが見える。それこそ、僕が暗闇のなかで必死になって探し求めていた解決という出口への道筋を差し示すものだった。だが、その道標を目をこらして読むと、「不可能」という文字が見え隠れしていた。

僕たちは焦りながら狭い羅臼川のあちらこちらを攻めてみた。しかし、夏にはまるで川の蛆虫《うじむし》みたいにたくさんいたオショロコマが、まったく姿を見せないのである。あれだけいた魚はいったいどこへ行ってしまったのだろうか。

深い雪に埋まった川原のラッセルと、川歩きで体力を使いきってしまったうえに、精神的なプレッシャーをもろに受けた僕たちは、その日、重たい足取りで宿にもどっていった。主人は「だから、言ったろう」と言って、自分の説が間違っていないこと

を強調した。

たった一日だけの努力で結論を出すのは早すぎるかもしれなかったが、主人の言葉は今やものすごい重さをもって僕を圧迫しつつあった。脅迫観念にとらわれたかのように、僕は不安と懐疑の念を必死で押しもどそうとしていたのだった。

まだ、敗北の白旗を出すには早すぎる気がした。しかし、翌日、網を持つ主人の後から箱眼鏡を抱えてついていった僕たちは、主人の言うことが真実であると納得せざるを得なかった。主人は羅臼川の小さな支流に入ると、岸近くの凍りついた葦のところに網を仕掛けて、何尾かの冬眠しているオショロコマを捕まえて見せてくれたのである。「本流は水温が高すぎて、彼らが冬を越すには向いていない。冬眠するには水温の低い支流のほうがいいのだ。高いとそれだけ体力を消耗するから」、主人はそう言って、捕まえたオショロコマを見せてくれた。

僕たちは昨日、なるべく水温が高い方を選んで釣っていた。発想がまったく逆なのである。たしかに冬眠するなら代謝が少なくなる低水温のほうがいいに決まっている。消費する酸素やエネルギーの量が違うからだ。

オショロコマが冬眠するなどという話は、はなから信じていなかった僕たちは、魚がいない場所で釣りをしていたのである。そして、驚いたことには、宿の主人が網で取ったその魚を水槽の中に入れて見ると、エラをほとんど動かしていないのだ。水温の低い支流の葦の陰でひっそりと呼吸もしないような低代謝の冬眠状態で、冬が明けるのを待っているのである。

僕は箱眼鏡で葦のつけ根のところをのぞいて見た。すると、入り組んだ葦の根っこの部分にオショロコマが頭を突っ込んだ状態でじっとしているのを見ることができた。冷たい、ほとんど生物がまともな生活ができそうもない冷たい水の中で、彼らはなにかに耐えるかのようにじっとして動かなかった。周囲の環境を無視してひたすら自己の固い殻の中に閉じこもることで、過酷な現実をなんとかやり過ごそうとしているかのように、彼らは微動だにしなかった。

知床のオショロコマは極寒と沈黙の不思議な融和のなかで静かに春がくるのを待っていたのである。その様子を僕は以前どこかで見たような気がしていた。そして、しばらくしてそれがかつてテレビで観た中国の膨大な土製品、人形《ひとがた》の群れ、兵馬俑《へいばよう》にとてもよく似ていたことに気がついた。

もちろん兵馬俑とオショロコマとでは似ても似つかないのだが、無数の馬や兵士の人形が数千年の間、長い沈黙を重ねて王の墓を守っている様子と、同じように周囲への無関心を保つことによって、ひたすら春を待ち焦がれているオショロコマのひたむきな生との間になにか不思議な共通点があるように思えたのである。彼らはともに沈黙することで外圧に抗して、自分の強烈な意志を押し通そうとしているかのような印象を受けたのである。

＊

在来イワナの釣査とその記録という企画は、かくして最初から強烈なカウンターパンチを食らってしまった。知床でオショロコマを釣ることはついにできなかった。しかし、僕は知床行によって、いまだ自分が知らないイワナの底深い謎の一端を垣間見ることができたのである。日本は狭いようでいて、じつは広かったのだ。知床ではオショロコマが冬眠するなんて、だれが知っていただろうか。氷河期以来生き続けてきたこの魚にはどれくらい不思議な謎が満ちているのか、僕は自分が進んでいく道がきわめて興味深いものであるということをあらためて認識したのである。

在来イワナの釣査というテーマを貫徹することは僕にとって重たいものだったが、それはまたやりがいのある楽しいものでもあった。とにかく放流イワナではなく、天然物、ずっと昔から棲み続けてきた地元のイワナを釣らなければならない。その過程で僕はいろいろな地域の在来イワナをじっくりと見つめるという、渓流釣り師にとっては至福ともいえる喜びを味わうことができたからである。

僕たちの釣査は在来イワナがいる場所をできるだけ広く、また多く探る必要があった。このため、釣り場は絶対に人為的な放流をされないような場所だけを選んで、日本中をまんべんなく広範囲に釣って歩くことが要求されていた。

僕たちの足跡はしたがって、最初からひどく遠い場所をあっちこっちと動き回ることとなったのである。知床に続いて、島根県、山口県に生息するゴギを訪ね、次の月には紀伊半島の十津川水系にいるキリクチを探しにいった。中国地方の渓流も、紀伊半島の渓流も関東に住む僕にとってはめったに行ける場所ではないから、「釣査」をしつつもその裏で、普通なら味わえない特別な渓流釣りの楽しみを経験することもできたのである。

なかでもキリクチの釣りでは僕はまたしても衝撃的な経験をすることになるのである。キリクチは世界中で最も南の地方に生息するきわめて貴重なイワナである。分布の南限にいるため、知床のオショロコマと同じく周囲の環境にはギリギリの状態で順応していて、その数は危機的な状況下にあるといわれていた。

しかし、この貴重なイワナについて最初、僕はかなり楽観的な情報をいただいていた。関西の渓流にくわしいある方に尋ねたところ「ああ、キリクチならまだ心配しなくてもいいくらい充分いますよ」と言って、僕たちに釣り場を教えてくれたからであ

る。一般に、キリクチは十津川水系の川原樋川と天ノ川のごく一部だけで細々と生息しているだけといわれているが、じつはこれ以外の渓流にもけっこういるのだそうで、また、天ノ川では逆にイワナの数は増えてさえいると教えてもらったからである。

ところが、それらの場所にいたイワナはキリクチではなく、じつは養殖されたニッコウイワナ系のものだったのだ。とくにひどかったのは天ノ川上流の川迫川で、ここは上流のX谷が本命場所だったが、その下流の川迫川本流では放流イワナがどんどん釣れるのである。ただし、釣れてくるものはキリクチではない。背中の斑点が鮮明なニッコウイワナ系の魚なのである。

そして、驚いたのはそこに来た釣り人たちが、なんの疑いももたずに、その魚を「キリクチ」と信じて釣っていたことである。関西ではイワナはややめずらしい魚である。したがって、ニッコウイワナとキリクチの区別をできる人も少ない。知らない人はかつてキリクチがいた谿でイワナが釣れれば、それをキリクチと思うのは当然なのだ。

それは数日前まで池で泳いでいた魚が成魚放流されると、それを釣った人がなんの疑いもなく「天然魚」と信じてしまうのとまったく同じことである。これは一種の詐欺にひっかかったようなものである。

しかし、詐欺以上にわるいことかもしれない。なぜなら、貴重なキリクチがいる同じ場所に養殖種を放すことによって、キリクチを淘汰、絶滅させるおそれがあるからだ。世界的な遺産ともいえる貴重な魚が、でたらめな放流によって目茶苦茶にされようとしているのである。だれが川迫川にニッコウイワナを放流したのか知らないが、少なくともキリクチがなぜに貴重な魚なのかを考えずに、たんに同じ「イワナ」という発想で放流されてしまったのであろう。

＊

キリクチは、現在、十津川水系の天ノ川と川原樋川水系の二カ所に生息している。天ノ川についてはおさむい状況であったが、川原樋川水系では、上流域は天然記念物としてキリクチの禁漁区（天ノ川にも禁漁区はあったが、ここを僕たちは残念ながら見ていない）が設定されていた。僕たちは、禁漁区の周辺を見て歩いたが、有料道路を造ったときの土砂が谿を埋め尽くし、谿の状態は最悪だった。キリクチは風前の灯のような場所で生息していたのである。

僕たちは禁漁区を避け、かつてはキリクチも生息していたかもしれないが、今は完全にいなくなっているといわれる沢のいくつかを探って歩いた。そして、ものすごく小さな沢、ほとんど地図で確認しなければそこに沢があるとは思えないようなヤブ沢で、ついにキリクチを釣り上げることに成功したのである。

あの、背中の模様がややもやとしてイワナの仲間とは思えないような独特の姿をしたキリクチが、僕の差し出した仕掛けに食いついてきたのだ。僕はそのとき、心臓が張り裂けそうなくらいの緊張感と興奮を感じてしまった。

キリクチが今の紀伊半島に侵入してからどのくらいの時代が経過したのか知らない。しかし、おそらくそれは文明を発生させたころよりもずっと以前、地球がとても寒かった時代から脈々と生き続けてきたものであることは間違いないだろう。営々として続く子孫伝播《でんぱ》、その末裔がいま、僕の前にいるのだ。そんな魚が自分に釣れたということはほとんど信じられないような幸運であった。

僕はふるえる手でキリクチの口からハリをはずし、急いで水槽の中に入れた。今まで、ものすごい数のイワナを釣ってきたけれど、これほどまで一尾のイワナを取り扱うのに緊張を感じたことはなかった。この沢にいたイワナが氷河期から続く末裔の最後の一尾かもしれないのだ。そうだとすれば、僕の手のくだし方ひとつで絶滅にも、種の存続にもつなげることができる。僕に課せられた責任は重大なのだ。

この魚を和田さんが素早く写真を撮ってから、逃がしてやったのだが、その後で僕は深い罪悪感に苛まれることになるのである。ハリに掛かったキリクチを逃がしてやったとはいえ、その後、彼が無事に生きながらえたかはわからないのである。僕のハリ傷がもとで病気になり、死んでしまったかもしれないのだ。僕は在来イワナの釣査と言いながら、実際には在来イワナの絶滅に加担しているのではないかという罪の意識が、このとき以降しだいに強くなってきたのである。

僕は昔から釣りという趣味に対して、ある種の偏見みたいなものをもっていた。釣りは世間一般からみれば生きものを殺す残酷な趣味であり、また社会的にはみ出たものの道楽にすぎない、という意識があった。だから、若いころの僕は、世間の人からなるべく見られないように隠れて釣りに出かけたものである。今のようなアウトドアブームで公然と「僕の趣味はフィッシングです」などと言えない時代に育っただけに、どうしても釣りを積極的な陽の光の下に押し出す気にはなれないのである。

そうした気持ちがあるところに今度のキリクチのような魚を釣ってしまうと、渓流釣りに対する気持ちが萎《な》いでしまうのである。自分はなにかとても悪いことをしているのではないかという、自虐的な意識が出てしまうのだ。

そんなことからとにかく、川原樋川のキリクチは僕に浅からぬ心の傷を負わせた。僕はしだいに在来種がいる場所で釣りをすることに抵抗感を感じるようになってきたのである。しかし、その一方で在来種の釣査は毎月のように継続された。僕はイワナをハリで傷つけること、ときにはサンプルを採るために殺すことに矛盾を感じながらも、なおこの作業を今も続けているのである。

＊

絶滅しようとする魚を喜んで殺すような人などいるだろうか。おそらくまともな神経をもつ人なら、決してそれはできないことである。ただ、事情を知らない人だけがなにも考えずに魚を殺しているのだ。

そして、僕は今やそうした事情を充分すぎるほど知ってしまった。そうなった以上、これからなお継続して在来イワナを釣ることは気持ちとしてもたいへんむずかしいのである。

あのキリクチを釣ったころから僕の渓流釣りはもう一度大きく変わってしまった。源流の在来種がいる場所では釣りは極力控えるとともに、もし釣る場合には節度ある態度で接するという釣り方を自分自身がするとともに、ほかの人にも推奨し始めたのである。

水槽の中に入れられた在来イワナたちを見ていると、彼らに対する責任の大きさを感じさせられてしまうのだ。こうなるともうそうした魚を傷つけることもできなくなってしまった。ガラス細工のように繊細なイワナたちを追っていく間に、僕の釣り

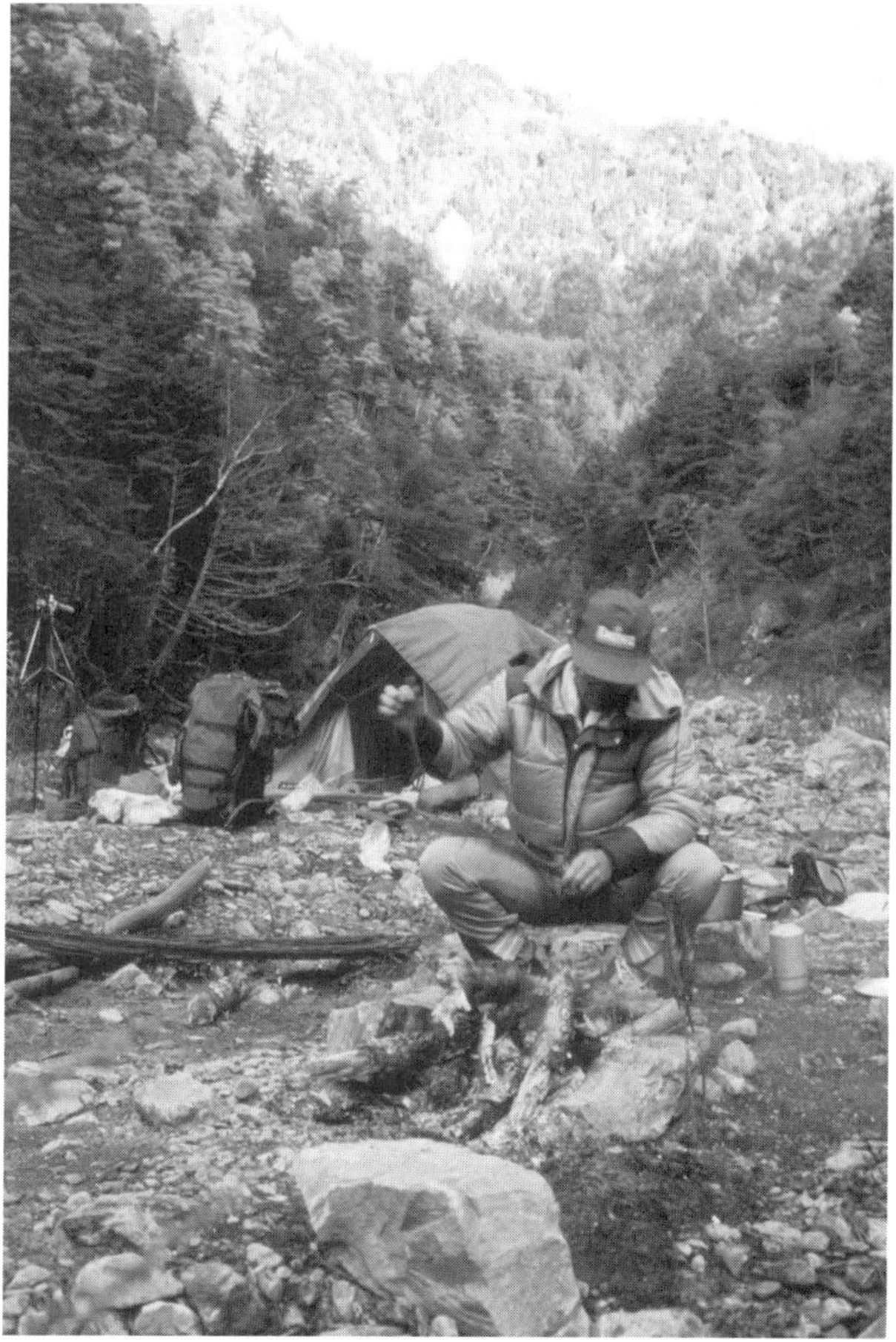

は変わっていった。源流の釣り師の時代には夢中で大きなイワナだけを狙っていたのが、いつしか在来の原種を守る立場に変わってしまったのである。

だが、根っからの釣りバカである僕から渓流釣りを取ったなら、いったいなにが残るだろうか。僕にとって渓流釣りは一生やめられない大切な「道楽」なのだ。しかし、そうだからといって以前と同じように源流の在来種を釣って歩くこともはやできない相談である。とすれば僕に残された道は、現代の渓流釣りの主流となりつつある放流を受け入れるしか方法がないのである。

渓流釣りを続けたいと思うのなら、放流による人為的な河川管理が行なわれている場所での釣りを受け入れるしか手段はない。そう判断した僕は、以前なら死んでもやりたくないと思っていた放流魚の釣りを中心にした、新しい渓流釣りを自分なりに構築することにしたのである。絶滅寸前にある在来イワナがいるような場所では極力釣りを自粛し、キャッチ・アンド・リリースにつとめる。そして、放流がなされているような場所で積極的な釣りをする。僕は新しい渓流の地平をこのようなものとしてとらえようとしていたのだ。

要するに、以前に僕がやっていた渓流釣りというものはもはや不可能となっていたのである。天然の魚を釣るということが、この狭くてたくさんの釣り人であふれる日本ではもう無理な注文となりつつあるのだ。しかし、それに代わってまったく新しい、違った渓流釣りの地平が開かれようとしていた。それは確実な足音をたてて、ひたひたと僕の背後に迫っていたのだ。

*

これからの渓流釣りがどのようなものになっていくのか、僕には非常な興味がある。しかし、それは少なくとも僕が初めて北アルプスの梓川でイワナを釣ったとき以来やってきた「源流の釣り」とは大きく違うものであることは間違いない。なぜなら、そうした釣り場の多くは今やほとんど失われつつあるからだ。

一九九五年の三月一日、僕は静岡県の狩野川のほとりに立っていた。三月一日は言うまでもなく渓流釣り師にとってはだれもが待望する解禁日である。しかし、この日、僕の目の前に展開された風景こそ、まさにこれからの渓流釣りを暗示する姿そのものだった。

僕は狩野川のある大きな淵の前で夜明けを待っていた。この日はあいにく朝から雪と雨、それに風を伴った悪天候だったにもかかわらず、岸辺にはたくさんの釣り人が立ち並び、夜明けを待っていた。狩野川は昔からいいアマゴの釣り場であった。しかし、それは支流での話であって、今、僕が立っているような本流ではもともと渓流釣りなどは行なわれていなかった。本来はアユの釣り場で、渓流魚はまったく無視されてきた場所である。ごくたまにアマゴが釣れることはあったが、それは専門の対象となるほどの数ではなく、ハヤ釣りをやる人の密かな外道にすぎなかった場所なのだ。

ところが、近年、様相が一変した。「本流釣り」がはやりだすにつれて、こうした場所にまで漁協が積極的に放流を開始したからだ。しかも、大量の成魚を放流するから、解禁日は有料ニジマス釣り場並みに釣れるのである。これが人びとの人気を呼んで、次から次へと釣り人が押しかけるようになってきたのである。そして、その数は限度を超えるほどになってしまった。

三メートルおきに人が立ち並び、身動きもできないような現実を前にすると、僕は絶句してしまう。釣れる魚はたしかにアマゴであるが、釣りそのものは有料釣り場のニジマスとなんら変わるところがないのである。人はほかの釣り人とのオマツリを気にしながら、川を遡行するでもなく、一歩も動かずにヒレのすり切れたアマゴを釣り続けるのである。こうした状態も渓流釣りといえるのだろうか。

そして、これだけたくさんの釣り人の要求、「魚が釣れること」という直接的な要求を満たすために、各地の漁協はさらに多くの成魚を放流しようとしている。本流の多くはヤマメの生育には無理がある場所だったから、そこに稚魚や受精卵を放流しても良好な生育は望めない。それならば、いっそのこと解禁からしばらくの間だけ型のいい成魚が景気よく釣れればいい、ということで、すぐに釣れる成魚が盛んに放流され始めているのだ。これが最近の渓流、とくに本流での実態である。

思うにこうした傾向はこれから先、いっそう強まるだろう。今はまだ大都市に近い近郊の渓流釣り場でしか顕在化していないが、それは必ず地方の渓流にも広がっていく。東北や北海道の渓流ではのどかな渓流釣りが楽しめるところがたくさん残っている。しかし、それも時間の問題である。やがて、怒濤のように釣り人の集団が押し寄せてくることは間違いないのである。

＊

昭和三十七年以来だから、僕の渓流釣りはもう三〇年以上経過したことになる。それまでの間ひたすら渓流釣りに邁進してきたが、われながらよく続けたものだと感心してしまう。自分の釣りは頑ななまでに源流にこだわったもので、最初はそれ以外の釣りなどやりたいとも思わなかった。ただ源流の渓流釣りだけに全精力を投入してきたといってもいい。

しかし、今、自分の釣りを振り返って見ると、変化を拒否するようでいて、実際にはさまざまに自分の釣り方が変化してきていることに気づく。いつまでも同じ主義主

ない。

張、立場に固執することは、ある面では立派なことかもしれないが、時代の流れに逆らっていれば、それは時代遅れとなり、また、周囲との調和を欠いたものとなりかねない。

往々にして自分の主張を変えない頑固者は、社会から称賛の言葉を受けがちだが、あまりそれに徹しすぎると、社会から置いてけぼりを食った、化石人間となりかねないのである。中世のような時代ならこうした人たちもすばらしい評価を受けただろう。たとえば、教会から「無神論者」というレッテルを貼られて破門されたスピノザは、大学教授の招請にも信念を曲げず、一生をレンズ磨きの工員として終えた。良寛和尚は新潟県の山寺の中で「無一文」を文字どおり押し通して生き抜いた。彼らのように妥協しないで自分の主義を貫いた人たちの生き方には、ものすごく魅力的で惹かれるものがある。

できることなら僕もそうした人たちと肩を並べるような一直線の人生を歩みたいと思う。しかし、彼らが生きたのは変化の緩い中世であり、しかも絶対的な真理、思想の領域において妥協しなかっただけのことである。たかが釣りでそのようなことができるのだろうか。

形あるものすべて壊れる。生あるもの必ず死す。これは世のなかの摂理であり、原則である。すべてのものは生々流転する。どんな確たるものもいずれは姿を変えてやがてこの世界から消えていくのだ。そうして新しいものが後釜に座ることができるのである。

そのことから見れば、日本の渓流釣りなどどんどん変わってもいいのである。変化を拒否して古いものに固執するほどの永遠性など、釣りの世界には最初からないのである。

これから日本の渓流釣りがどのように変わっていくのか。その変化の速さは昔の比ではないだろうが、はっきりしていることは、在来種がいる場所での釣りが、物理的にも、また心情的にも、そしてできることなら（禁漁区の設定などで）法律的にもできなくなる方向に向かうのは間違いないだろう。そして、それに代わって養殖魚が放流された釣り場が増えていくことになるだろう。

日本の渓流釣りはやがて巨大な有料マス釣り場のような様相を呈してくるはずである。それまでのわずかな間、ほんのちょっぴり残された源流で、ほとんど昔の面影もなくなった在来種を追いかける情けない釣りを続けていくのか、あるいは管理釣り場のような川で、養殖魚を追いかける釣り人になるのか、少なくともまだしばらくは道はいくつか残ってはいる。

しかし、残念ながら最終的にはすべては人為的に管理された場所での釣りになることは確実であろう。そうなれば、以前のようなネイティブな魚の美しさや自然を満喫することはむずかしいかもしれない。谿の遡行とセットになったような昔の渓流釣りの楽しさは過去のものとなるかもしれないのだ。

だが、そうしたことに代わって新しい釣りの楽しさもまた生まれてくるはずである。純粋に釣りそのものの行為を楽しむとすれば、本流の釣りのほうがはるかにおもしろいともいえる。源流の釣りは、川を遡行するとか山で野営するといった自然を楽しむ面があるからおもしろいのであって、釣りそのものはそれほど技術的に高いものが要求されるわけではない。これに対して、本流の釣りでは面倒な川の遡行などに意識を削《そ》がれることなく、ただ、魚を釣ることだけに神経を集中できるからだ。

だから、これからの渓流釣りでは谿の遡行技術より、ポイントの見方とか、餌の流し方、仕掛けの細かさといった釣りそのものの技術が問われることになるだろう。そうした世界では周囲が少々汚かろうが、反自然的であろうがあまり関係はないのかもしれない。

表面的にはいかにも自然らしくカモフラージュしていながら、そのじつしっかりと裏で人間がコントロールしている現代の放流魚の釣り。情けないことかもしれないが、そんなごまかしの世界で渓流魚であるヤマメやイワナを釣って歩くことになるだろう。

　以前、僕はそうしたエセ自然のなかに放り込まれた釣り人は、ある日突然、自分が管理されたニジマス釣り場のような場所に置かれていることに気づき、憤然として竿を置く、と言ったことがある。しかし、日本中にそうした場所しかないようになるとすれば、やはりそれを受け入れるしか方法はないのである。

　僕の心は揺れているが、それしか残された道がないとすれば仕方がない。さらば源流の釣りよ、というのが今の僕の偽らざる心境である。


——完——

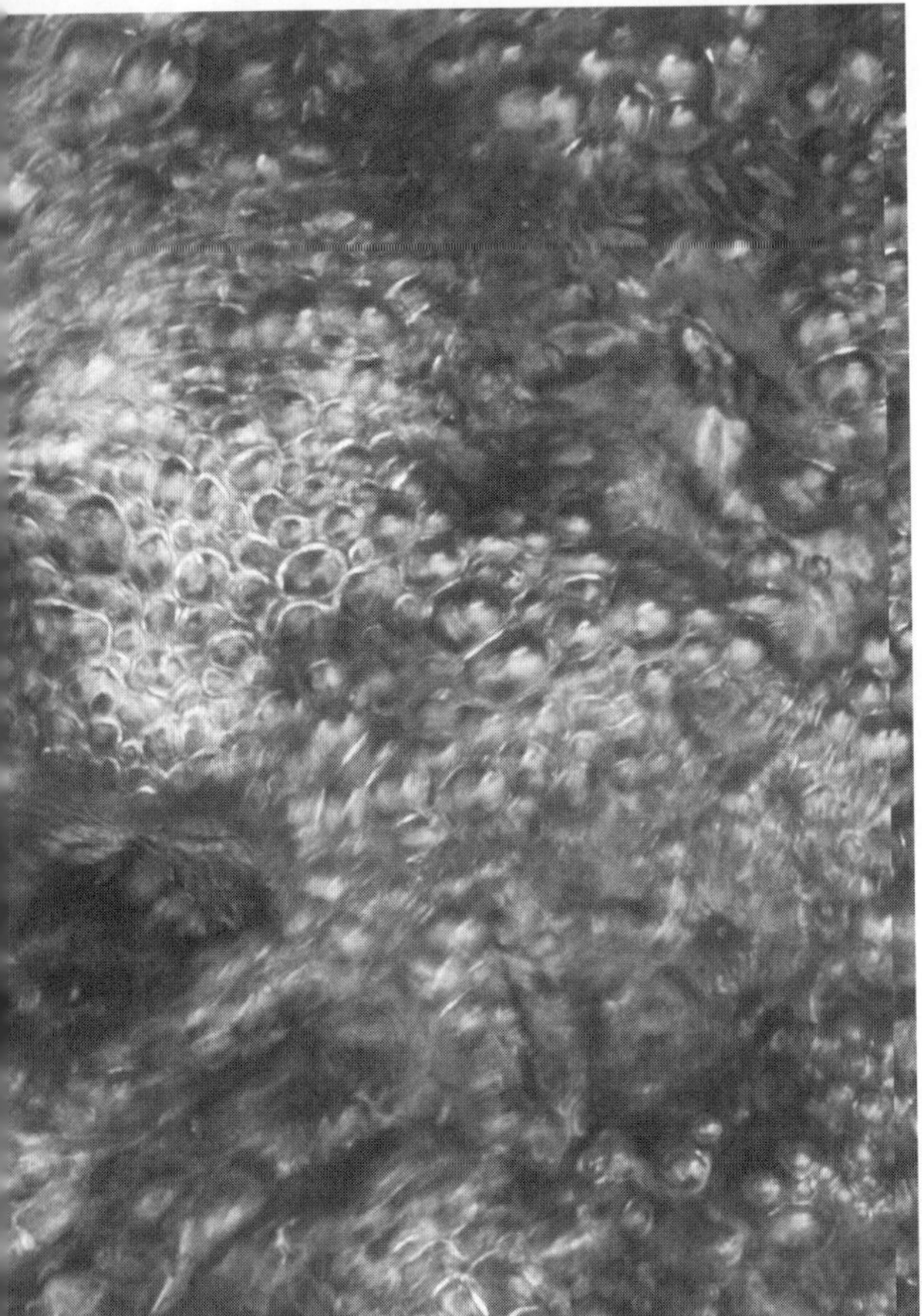

あとがき

数年ほど前から、僕は自分の渓流釣りの釣行データをコンピュータに入力するようにしている。最近は年間の釣行日数は以前ほどではなくなったが、それでも普通の人に比べたら格段に多い。それらのすべてを記憶しておくのは不可能である。自分の頭のなかに放り込んでおくだけでは、やがて忘れられてしまうから、コンピュータはおおいに役に立つのだ。とくに僕のようにあっちこっちへ頻繁に出かけるものにとっては、コンピュータがないと膨大なデータを整理することはできないだろう。近代兵器のコンピュータは不可欠なものといってもいいだろう。

しかし、僕が渓流釣りを始めたころはこんな便利なものは手近になかった。このため僕は、とくに思い出深い場所については自分なりの「釣行ノート」を作って、記録を残しておいた。だが、それらの記述はかなり曖昧で、日時と場所、それに釣果だけを記した簡単なものが大半だった。細かな地図入りで書かれた詳細なものはよほど気に入った場所だったといっていいだろう。

本書はそれらの古い釣行ノートのなかから僕の「お気に入り」、すなわち、比較的詳細な記録が残っているものを中心に書き綴ったものである。それも昭和四十八年後半から現在までのとくに印象深かったところの釣行について意識的に書いている。というのも、それ以前のことは前に出した『大イワナの滝壺』で発表しているからだ。だが、最近のことはともかくとして、古い記録に関しては「釣行ノート」を参考にするにしても、記憶が定かでなく、脳の奥深い襞の裏側にほとんど消える寸前のようなものもある。長い年月を経た記憶は、すっかり風化されていたのである。いくつかの記録では日時も、またどれと行ったのかはっきりしないものさえあり、それを思い出すのにかなりの努力が必要だった。

だが、そうした風化がじつは僕には別な意味での助けにもなった。もし僕が釣行直後の感激が生々しく残っているような段階で文章に書くとすれば、その内容はもっと違ったものになっていたことだろう。なぜなら、時間という、一種の熟成期間なしにそれを書けば、現実のデータがあまりに強烈すぎて、それに僕自身ががんじがらめに縛られてしまうからだ。自由な発想ができなくなるのである。

現実的な面が時間の経過とともに削り落とされると、その背後に別な面が見えてくる。魚が釣れた釣れないといった、どちらかというとたわいもない事柄から自由になることで、かえってその後ろに隠されていた本質的な面が見えてくるのではないだろうか。

デジタルなデータを扱うコンピュータは正確無比だが、こうした風化が起こらない。いつまでも厳密な事実の羅列でしかないのである。それがコンピュータのいいところでもあれば、悲しいところでもあるのだ。正確な事実を教えてはくれるが、その谿から僕自身がどのような感じを受けたのかについては伝えてくれないのである。

本書に書かれた釣行の記録はコンピュータのように正確な事実の記述ではなく、心に強い思い出として残った谿々の心象風景の記述といってもいい。したがって、ときには渓流釣りという基本テーマを離れてとんでもない方向に走ってしまったこともある。渓流釣りに対する興味が魚が釣れたかどうかという一点にしかない人には、こうしたことは無駄でつまらない記述と感じるかもしれない。だが、長く人の心の底にとどまるのは、むしろそうした無駄な世界、谿から受けた心の印象のほうではないだろうか。渓流釣りというのはむしろそうした精神面を追う釣りではないかと僕は考えている。たんに魚を釣るだけでなく、その谿からどのくらい質の高い心象を得たのかが重要なのだ。

本書の最初の原稿は山と溪谷社の『溪流フィッシング』第一七号から三〇号（二一

号は休載）まで一三回にわたって連載されたものに加筆訂正をしたものである。時代的には昭和三十七年から四十七年までの一〇年間の記録を書いた前書、『大イワナの滝壺』の後に続くものである。しかし、その内容に関しては必ずしも前書の続編を構成するものではない。『大イワナの滝壺』を書いたころと本書とでは、その時代的背景も違えば、僕自身の釣りのやり方や考え方も全然違ってきているからである。

したがって、前書『大イワナの滝壺』を読んでいなければ、本書『わが回想の谿々』が読めないということはない。ふたつの本はまったく別なものであるといえる。

また、ここに書かれた記録は、基本的には時間的な経過に従って書かれているが、その順番については多少時間経過が前後するところもある。また、書かれた釣り場の状況に関しては、あくまでも遡行した当時の状況を書いたものであり、その状況が今では変化していることがあり得るということについてはご理解いただきたい。

解説にかえて

源流、白石さんとの冒険

岩井渓一郎

白石勝彦さんと初めて会ったのは、ＤＹＦＣ（ダイワ・ヤング・フィッシング・クラブ。現在も続く、釣り具メーカーのダイワが主催する少年少女のための釣りクラブ）が発足するというから取材に行ったときでした。１９７６年、僕は当時、桃園書房が出していた月刊『少年つりマガジン』編集部の見習い編集者で、ちょうど子ども向けに『少年つりマガジン』を創刊するタイミングだったから、いいネタだから取材に行ってこいって会社にいわれて行ったんじゃなかったかな。とにかく、そこに担当者として来ていたのが、ダイワの契約社員の白石さんと、２００１年に亡くなられた西山徹さんでした。

白石さんの著書、『大イワナの世界』と『大ヤマメの世界』は、１９８１年の１月に始まった『つりマガジン』での連載が元になっていて、僕がその担当編集者だった。

白石さんに「連載やりましょう」って相談して、そのころよく一緒に源流に行っていたから、その熱のままに始めたんです。連載は「イワナの世界」「ヤマメの世界」って名前で、それも僕が付けたんですが、よその出版社で単行本にまとめたときにだれかがタイトルの頭に大を足したみたい。

白石さんの若いころの写真を見れば納得してもらえると思うけれど、源流行って大きなイワナをバンバン釣って口髭を生やして、何か山賊みたいなイメージですよね？だけど全然、そんなことない。3月の初め、解禁になってすぐ、一緒にある川に行ったとき、雪が降ったり止んだりする天気のなか河原に着いたら10頭くらいのサルが石を剝いでいた。食べ物がなくて川虫を獲って食べていたのを見た白石さんが「かわいそうだ、かわいそうだ」って、そういう人。見た目とは違って、優しくて、繊細な人なんです。

源流には一緒によく行きました。寸又川（静岡県）の逆河内《さかさごうち》、双六谷《すごろくだに》（岐阜県）、和歌山の大塔川《おおとうがわ》も峠越えで行ったし、新潟の黒又もよく行った。僕の地元の秩父、荒川の源流も。宮城にも行ったし、北海道も行った。逆河内でフライフィッシングをやったのはおそらく僕が初めてだろうね。あのとき僕は喜楽《きらく》の振り出しのパックロッドを背中に仕舞って持っていった。逆河内にはクビレっていう難所があって、そこを大高巻きするだけで2時間半くらいかかる。最後の5mくらいは懸垂下降だし。そんな所だからそれは釣れます。逆河内の隣の上西河内では、僕が30何cmのアマゴを釣って、白石さんが写真を撮ってあげるっていうんで、魚を持って構えてた。すると白石さんが、そこじゃ背景がよくないから、もう一歩、横にズレてって言った。で、移動したら、さっきまで立っていた所に結構な大きさの岩が落ちてきた。間一髪でした。

だけどそんな逆河内よりも双六谷のほうが凄かった。あまりに人が死ぬから、あるとき立入禁止になっちゃったくらい。双六っていうのは、川のなか全部が家くらいの巨石だらけで、その石で通ラズになってしまうんです。そこを巻いて進むのだけど、両岸が切り立った岩肌で巻けない。結構な距離を歩いても、その間、大した河原もないから、テン場にだって難儀します。変な所をテン場にして、増水でもしたら、一発で流されてしまうし。白石さんが「双六、行こうよ」っていうから、僕も一緒にくっついて行きました。当時は普通にそんな場所ばっかり行っていた。

登攀の力量的な不安は感じなかったって？　技量や装備どうこうじゃなくて、まずそこに行きたい気持ちのほうが先でした。行ってみてダメだったら、帰ってくればいいだけ。白石さんもそうだったんじゃないかな。自分たちでは、何も特別な所に行っているなんて思っていないんだから。行かないかと声をかけて、かけられて、都合が合えば行くだけです。デカい魚が釣れる？　いっぱい釣れる？　源流には夢がありますよね？　そういうのじゃなかった。別に夢なんかありはしない。あのころの僕たちは、ただそういう所に行きたくてしょうがないわけだった。白石さんもそういうことが好きでたまらなかっただけだった。

昔、新潟県は、イワナの禁漁は11月1日から11月15日までの15日間でした。そのころ白石さんと緑渓会の曽根さんっていう人と3人でよく10月の終わりにテントを担いで1泊とか2泊で行った。雪に降られたこともあった。行くのはダムの奥にあるバックウォーターで、そこまでは白石さんの知り合いのゼンマイ採りのおじいさんに船で渡してもらって、バックウォーターを2時間半くらい歩いたあたりにテントを張って釣る。10月の終わりで、ダムから産卵で遡上したイワナ、50㎝とか60㎝とかで、それがいっぱい見えました。でも、産卵に上った魚って基本的にエサを食べないから、せいぜい間違って一匹釣れるくらいのもの。それでも気持ちいい。秋の終わり、さんざん歩いて、山のなかの源流に泊まって釣りをするだけで、全然、釣れなくたっていい。

源流釣りというのは、そういう遊び。夢があるわけでもないし、行ったからって必ず見返りがあるわけじゃないんです。遊びに見返りなんか求めちゃダメ。見返りのほうを求めはじめたら、遊びが遊びじゃなくなってしまう。それは今度はどこ行きましょうか、っていう話が出たときには、あそこはもっとデカいのが釣れるから行ってみましょうよとか、そういうのはありります、釣りに行くのだから。だけどそれがすべてになったら、つまらなくなる。

でも、僕は『つりマガジン』を辞めてからは源流には行かなくなりました。そのころは白石さんもアユに凝ったりしてたしね。ウチに遊びに来るとか、そういう付き合いは続いていたけど、釣りはあまり一緒に行かなくなった。白石さんは筆者だし、僕は編集者だったし、僕たちにとって源流は仕事という側面もあったから。でも、白石さんも、僕が編集者だったくらいの時期が源流に一番行ってたんじゃないかと思う。面白かったよ、うん、面白かった。いまはもう行かない。変な話、秩父の実家から5分の川で20㎝のヤマメを釣るのと、釣りの面白さそのものは同じ。さんざん源流に行って、よくわかりました。白石さんも多分、僕がそう思うような何かを思ったんだと思う。だから源流とは別の冒険に進んだのでしょう。アユ釣りとか、イワナ自体の研究とか、アラスカとかロシアのイワナに興味が移っていったし、亡くなる前はチョウチョに夢中だったようですし。

白石さんも僕も仲間たちも、あのころ源流が好きだったから夢中で通った。でも、源流という場所に特別な想いを抱いてってわけではない。そういうことではなく、同じ興味を持っている仲間が集まって、一緒に釣りに行こうぜってなって、行くだけ。クルマを降りてすぐの渓流が好きで、仲間と釣りに行く人たちだっていると思う。それと根っこは何も変わらない普通のこと。白石さんが亡くなったときも、僕は特別な何かがあるわけではない。気が合って、普通に釣りに出掛けて、普通に仕事も一緒にして、普通にウチに来たり、白石さん家に遊びに行ったり。そんな長い付き合いの仲間がひとり亡くなって、普通に寂しさを感じているだけです。

（いわい・けいいちろう／プロフライフィッシャーマン）

＊本稿は『フライロッダーズ』２０１８春号（地球丸）「追悼　白石勝彦氏　岩井渓一郎回想　源流、白石さんとの冒険」を加筆・修正したものです。

白石勝彦（しらいし・かつひこ）
一九四二年、東京都大田区生まれ。中学生のころからロッククライミングに熱中していた山男が、二十歳のとき、梓川でイワナを釣ったことで、渓流釣りの面白さに目覚める。人跡まれな険しい山岳渓流の最源流で大ヤマメ、大イワナを釣って歩く。北海道から鹿児島まで日本全国、渓流魚が生息するすべての県で渓流釣りを経験。日本に残されていたネイティブイワナを俯瞰的に探査した『イワナの顔』（写真＝和田 悟）や、『大イワナの世界』『大ヤマメの世界』『実践鮎釣り教本』『大イワナの滝壺』（いずれも山と溪谷社）など、多数の著作がある。二〇一七年、逝去。

＊『わが回想の谿々』は一九九六年に小社より単行本として刊行されました。本文庫版は、一九九六年二月十五日発行の単行本初版第一刷を底本として、一部訂正を加えて再編集したものです。
＊内容はおもに昭和五十～六十年代の釣行記であり、記述内容は当時のもので、現在とは異なる場合があります。
＊用字用語に関しては、原文の趣を損なわぬように配慮し、読みやすいように表現をかえた部分があります。

カバーデザイン　尾崎行欧、本多亜実（尾崎行欧デザイン事務所）
本文ＤＴＰ　千秋社
地図作成　小倉隆典
校正　五十嵐柳子
写真協力　白石秀子
編集協力　森安正樹
編集　鈴木幸成（山と溪谷社）

わが回想の谿々

二〇二三年十一月五日　初版第一刷発行

著　者　白石勝彦
発行人　川崎深雪
発行所　株式会社　山と溪谷社
郵便番号　一〇一－〇〇五一
東京都千代田区神田神保町一丁目一〇五番地
https://www.yamakei.co.jp/

■乱丁・落丁、及び内容に関するお問合せ先
山と溪谷社自動応答サービス　電話〇三－六七四四－一九〇〇
受付時間／十一時～十六時（土日、祝日を除く）
メールもご利用ください。【乱丁・落丁】service@yamakei.co.jp
【内容】info@yamakei.co.jp

■書店・取次様からのご注文先
山と溪谷社受注センター　電話〇四八－四五八－三四五五
ファクス〇四八－四二一－〇五一三

■書店・取次様からのご注文以外のお問合せ先 eigyo@yamakei.co.jp

フォーマット・デザイン 岡本一宣デザイン事務所
印刷・製本　大日本印刷 株式会社

Printed in Japan ISBN 978-4-635-04986-3

人と自然に向き合うヤマケイ文庫

既刊

山野井泰史 垂直の記憶
ラインホルト・メスナー ナンガ・パルバート単独行
山と溪谷 田部重治選集
羽根田治 ドキュメント 生還
本多勝一 日本人の冒険と「創造的な登山」
新田次郎 山の歳時記
丸山直樹 ソロ 単独登攀者・山野井泰史
谷甲州 単独行者《アラインゲンガー》 新・加藤文太郎伝 上／下
佐野三治 たった一人の生還
植村直己 北極圏1万2000キロ
コリン・フレッチャー 遊歩大全
深田久弥選集 百名山紀行 上／下
白石勝彦 大イワナの滝壺
高桑信一 タープの張り方 火の熾し方
宮崎弥太郎・かくまつとむ 仁淀川漁師秘伝
山本素石 山釣り
戸門秀雄 溪語り・山語り

既刊

湯川豊 約束の川
萱野茂 アイヌと神々の物語
矢口高雄 マタギ
戸川幸夫・作 矢口高雄・画 野性伝説 羆風／飴色角と三本指
矢口高雄 ニッポン博物誌
根深誠 山棲みの記憶
根深誠 白神山地マタギ伝 鈴木忠勝の生涯
田中康弘 山怪 山人が語る不思議な話
田中康弘 完本 マタギ 矛盾なき労働と食文化
田中康弘 完全版 日本人は、どんな肉を喰ってきたのか？
甲斐崎圭 第十四世マタギ 松橋時幸一代記
甲斐崎圭 山人たちの賦
志田忠儀・語り 西澤信雄・構成 朝日連峰の狩人
田口洋美 新編 越後三面山人記
戸川幸夫 マタギ 日本の伝統狩人探訪記
西村武重 ヒグマとの戦い
西村武重 北海の狩猟者 羆撃ちと山釣りに明け暮れたある開拓者の記録